광고의 레토릭

성공하는 광고 제작을 위한 10가지 수사법

엄창호 지음

한올
아카데미

국립중앙도서관 출판시도서목록(CIP)

광고의 레토릭 = Rhetoric of advertising : 성공하는 광고 제작
을 위한 10가지 수사법 / 엄창호 지음. -- 파주 : 한울, 2004
  p. ; cm. -- (한울 아카데미 ; 706)

ISBN 89-460-3326-6 93300

326.141-KDC4
659.1-DDC21   CIP2004002082

머리말

이 책은 한양사이버대학교 광고홍보학과와 동국대학교 광고학과 카피라이팅 강좌에서 강의했던 내용을, '레토릭 (rhetoric)'이라는 관점에서 수정 보완해 새롭게 정리한 것이다 (레토릭에 해당하는 우리말은 수사학, 수사법, 수사적 기교, 수사적 표현 등이지만, 이중 어느 하나를 선택하기보다는 모든 개념을 두루 지칭하는 '레토릭'을 그대로 쓰기로 한다). 특히 한양사이버대학교의 경우 광고 초보자부터 베테랑 현역 광고인까지, 고등학교를 마치고 갓 입학한 학생부터 오래 전 다른 대학을 마친 후 입학한 일반인까지, 다양한 성격의 수강생들로부터 고루 좋은 반응을 얻었다. 카피라이팅이라는 이름의 강좌였지만 처음부터 레토릭의 개념을 염두에 두고 강의를 준비했던지라, 한 권의 책으로 제법 일관된 체계와 형태를 갖출 수 있었다.

카피라이팅은 시대에 따라 그 의미의 무게중심이 옮겨가고 있다. 1990년대 초반까지만 해도 카피라이팅이란 단순히 쓰는 행위, 즉 광고의 '문안'을 작성한다는 의미가 컸지만, 1990년대 후반으로 접어들면서 영상과 이미지 생산을 기획하는 쪽으로 변하고 있다. 이것은 신문광고의 경우 흑백에서 칼라로, TV광고의 경우 30초 위주에서 15초 위주로, 그리고 전체적으로는 인쇄광고에서 영상광고로, 광고의 중심 매체 혹은 중심 형식이 이동한 것과 맥을 같이 한다. 디지털 기술의 발달로 이미지 생산의 테크닉이 비약적으로 발전했다는 것도 그러한 변화의 중요한 배경일 것이다. 그 결과, 바디카피가 줄어들거나 사라지고, 헤드라인이나 키 카피 혹은 슬로건만으로 메시지를 전달하는 광고가 대세를 이루고 있다. 아예 카피 자체가 없는 광고도 드물지 않게 볼 수 있다.

그러나 카피가 줄어들거나 사라졌다고 해서 광고 메시지가 줄어들거나 사라진 것은 아니다. 그러기는커녕 광고는 이미지를 통해 더 많은 메시지를 쏟아내고 있다. 그렇다면 줄어들거나 사라진 카피는 화려한 테크닉의 이미지 속에 살아 숨쉬고 있는 게 틀림없다. 그래서 광고 메시지 생산을 주로 하는 카피라이팅은 쓰는 행위에서 영상과 이미지를 만들어내는 쪽으로 중심을 이동할 수밖에 없게 된 것이다.

카피라이팅(copywriting)의 의미는 이렇게 바뀌었지만, 용어 자체에 '쓰는 일'을 뜻하는 '라이팅(writing)'이라는 구식 용어가 여전히 매달려 있다. 이제는 카피라이팅 혹은 카피라이터라는 용어의 대안도 생각해야 할 때가 되었다. 크리에이 티브(creative)나 플래닝(planning) 혹은 디렉팅(directing)이라는 기존의 용어도 있지만, 그 의미가 너무 넓고 포괄적이어서 그래픽디자이너, CM플래너, 아트디렉터, 크리에이티브디렉터의 역할과 혼동되기 십상이다. 이 책은 수명을 다해가고 있는 카피라이팅이라는 용어 대신 레토릭이라는 용어를 소개함으로써, 변화한 광고환경에 부응하려 한다.

시중에서 광고의 레토릭을 본격적으로 다룬 책을 찾기 어렵다. 간혹 카피라이팅 관련 책에서 레토릭이 다루어지고 있지만 그것은 어디까지나 책 내용의 한 부분일 뿐이다. 문학이론에 기대고 있는 광고 책은 레토릭을 제법 비중 있게 다루기도 하지만, 광고의 마케팅적(혹은 브랜딩적) 성격을 간과한 채 광고(혹은 광고카피)를 문학적 기법의 관점으로만 한정시켜 다루는 경향이 짙다. 이 책은 레토릭을 본격적으로 다루면서도, 광고의 마케팅적(혹은 브랜딩적) 특성을 놓치지 않으려 했다.

광고 책 중에는 읽기가 어려운 책들이 많다. 광고는 복잡한 전략을 쉽고 재미있게(그렇지 않다면 실패한 광고이니까!) 풀어냈는데, 광고 책이라고 그러지 말라는 법은 없다. 이 책은 사례 중심으로 쉽고 재미있게 읽혀지도록 하기 위해 힘썼다. 이를 위해 가장 최근의 화제작으로부터 2, 30년 전의 흑백광고에 이르기까지, 드물지만 멀게는 20세기 초 광고의 고전에 이르기까지, 유형별로 분류된 300여 편의 광고물들을 차근차근 소개하고 있다.

지금까지 말한 의도들이 이 책에 온전히 담겨 있다고 자신할 수는 없다. 하지만 광고를 레토릭 관점에서 쉽고 재미있게 하나하나 차근차근 '씹으면서' 배우려는 학생들에게, 직업상의 필요 때문에 광고 공부를 시작하려는 직장인들에게, 그리고 광고에 관심 있는 일반인들에게 유용한 길잡이가 될 수 있을 것으로 믿는다. 또한 현역 광고인들에게는 아이디어 발상의 촉매제가 되기를 기대한다.

이 책이 나오기까지 많은 분들이 크고 작은 도움을 주셨다. 먼저, 기호학의 넓은 바다로 안내해주신 홍익대 권명광 부총장님과 신항식 선생님께 감사드린다. 그간 강의 기회를 주신 여러 교수님들께도 고마움을 전한다. 이 책에서 사례로 제시된 광고물들의 제작에 참여한 모든 광고인들에게도 머리 숙인다.

2004년 11월
엄창호

차례

'광고를 말하는데 웬 레토릭인가?' 혹 이런 의문이 들지도 모른다. 그 의문의 구체적인 내용은 대체로 다음 두 가지일 듯하다. 첫째, 광고에서는 전략이 먼저이고 표현은 그 다음인데, 표현의 영역인 레토릭은 광고에서 부차적인 부분이 아닌가? 둘째, 레토릭의 대상은 주로 언어인데 언어와 이미지가 공존하는, 아니 갈수록 이미지가 더 중시되는 광고를 언어중심의 레토릭적 시각으로만 바라보는 것은 한계가 있지 않은가?

이 두 가지 점 때문에 '담화를 통하여 남을 설득하는 기술'로 정의되며 설득커뮤니케이션의 원조이기도 한 레토릭[1]이 광고의 영역에서 그동안 그다지 주목받지 못한 것이 사실이다. 하지만 이것이 정말 타당한 문제제기인지는 깊이 생각해 봐야 한다.

먼저 첫번째 문제제기에 대해 살펴보기로 하자. 광고에서 전략이 먼저이고 표현이 나중이라는 주장을 굳이 부정할 생각은 없다. 하지만 전략만 세워지면 표현은 자동적으로 나오는 것처럼 생각하는 것이 문제이다. 수긍할 만한 자료와 수치에 근거해 디테일한 표현의 부분까지 아우르는 전략도 있겠지만, 사실 광고 현장에서 그런 전략은 이상에 가깝다. 그것은 반드시 전략 수립자의 능력부족 때문만이 아니라고 본다. 아마도 시장에서의 경쟁구도나 제품의 사이클, 아니면 소비자의 성향 등 객관적인 상황이 그러한 전략 수립을 가로막고 있는 경우가 많기 때문일 것이다.

현장에서는 오히려, 일반적이고 개념적인 수준에 머물러 있는 전략의 한계가 창의적인 표현(또는 크리에이티브)으로 극복되는 경우를 많이 볼 수 있다. 흔히 광고 성공 사례를 소개한 글들을 보면, 마치 표현의 문제까지 아우르는 탁월한 전략이 처음부터 존재했던 것처럼 말하고 있다. 하지만 실제로는 창의적 표현이 먼저 나오고 전략은 그것을 정당화, 합리화하기 위한 수단으로 동원되는 경우를 필자는 많이 알고 있다. 뉴턴도 사과가 떨어지는 장면을 보고 만유인력의 법칙을 착상하고 나서 그것을 이론적으로 증명하지 않았는가? 아무리 과학적인 이론도 이성에 앞서 감성과 직관의 결과일 수 있다.

하지만 그렇다고 해서 '표현이 먼저, 전략은 나중'이라고 말할 수는 없다. 일반적이고 두루뭉술했을지언정, 전략적 개념이 창의적 표현을 만들어낸 사람의 대뇌 피질에서 은밀하게 작용했을 것이기 때문이다. 어쩌면 전략과 표현을 구분하고, 그 선후관계를 따지는 일 자체가 부질없는 짓인지도 모른다. 한 인간의 머릿속에서 전략과 표현은 동시적이며 상호침투하는 변증법적 관계에 있다고 설명하는 편이 더 옳겠다.

때로 표현은 전략만으로는 예상할 수 없는 놀라운 결과를 가져다주기도 한다. 광고는 광고주나 제품의 외침이 소비자

---

1) 권명광·신항식, 『광고 커뮤니케이션과 기호학』, 문학과경계, 2003.

에게 일방적으로 전달되는 통로가 아니라, 광고주나 제품이 소비자와 만나서 서로 관계를 맺는, 설득과 공감의 마당이자 의미생산의 공간이다. 아무리 똑같은 전략이라도 표현의 미세한 차이가 소비자의 태도에 큰 차이를 줄 수 있는 것이 바로 광고이다. 이와 관련해 "광고에서 사용되는 수사적 표현은 언어의 문자적 의미에서의 파격을 통해 의미상의 모호성과 다의성을 낳고, 이에 대한 다중 해독을 통해 수용자들이 심미적 경험을 할 수 있는 기회를 제공한다"는 맥쿼리와 믹(McQuarrie & Mick)의 지적을 기억해두면 좋겠다.[2]

다음, 두번째 문제제기에 대해서도 살펴보기로 하자. 레토릭의 역사는 옛 그리스로 거슬러 올라간다. 참주(僭主)정치가 막을 내리자 백성들은 참주들에게 빼앗긴 땅을 되찾기 위해 소송을 벌였는데, 이 소송에서 이기기 위해서는 재판관을 그럴 듯하게 설득시킬 말솜씨가 필요했다.[3] 잃어버린 땅을 찾기 위해 수많은 배심원들을 설득하는 웅변술이 바로 레토릭의 기원이었다. 이처럼 레토릭이 태생적으로 언어표현의 문제였던 것은 분명하다.

하지만 1964년 광고 이미지의 레토릭 분석을 시도한 롤랑 바르트(Roland Barthes)[4]로 거슬러 올라갈 것도 없이, 최근 국내외 광고학계에서는 광고 이미지를 레토릭의 관점에서 분석하는 일에 관심을 갖기 시작했다.[5] 언어분석에 적용했던 기존의 레토릭 개념을 이미지 분석에 끌어들여, 광고의 설득적 효과를 극대화하기 위한 방법이 무엇인지 찾고 있다. 이제, 레토릭은 언어를 넘어 이미지의 분석도구로 그 영토를 확장하고 있는 것이다.

하지만 광고에서 레토릭이 언어의 문제에만 한정되지 않는다는 가장 명백한 증거는, 광고현장의 이미지 창조자들은 레토릭을 광고 제작 과정에서 이미 오래전부터 활용해왔다는 사실이다. 앞으로 이 책에서 다루게 될 은유, 환유, 내러티브, 과장하기 등의 개념들을 직관적으로 활용하여 훌륭한 결과물을 만들어낸, 수많은 이미지 창조자들을 필자는 잘 알고 있다. 그렇다면 최근 이미지의 레토릭에 주목한 광고학계는 철학의 역할에 대한 헤겔의 표현처럼, 석양이 깃든 후에 날기 시작한 '미네르바의 올빼미'일지도 모른다.

레토릭은 궁극적으로 분류의 문제로 귀결된다. 이름 있는 수사학자(혹은 기호학자)들은 자신만의 분류체계를 통해 독특한 이론을 제안하고 있다. 몇 가지만 예를 들어보자. 롤랑 바르트의 명시적 의미의 기의/ 명시적 의미의 기표/ 암시적 의미의 기의,[6] 로만 야콥슨(Roman Jacobson)의 은유/ 환유,[7] 움베르토 에코(Umberto Eco)의 도상의 차원/ 도상생성의

2) McQuarrie, E. F. & Mick, D. G., "On Resonance: A Critical Pluralistic Inquire into Advertising Rhetoric," *Journal of Consumer Research* 19, 1992, pp.180-197.
3) 김욱동, 『수사학이란 무엇인가』, 민음사, 2002.
4) Barthes, R. Rhetoric of Image, 김인식 편역, 『이미지와 글쓰기』, 세계사, 1993, pp.86-109.
5) 강태완, 「광고에 나타난 시각적 설득의 수사학에 관한 연구」, ≪광고연구≫ 제43호, 1999; 강태완·이시훈, 「공익광고의 언어와 이미지의 수사학과 수용자 반응에 관한 연구」, ≪광고연구≫ 제63호.

차원/ 수식의 차원/ 토포스의 차원,[8] 리(Leigh)의 장식/ 비유[9] 등이 그것이다. 그들은 이러한 대분류체계 아래 다양한 소분류체계도 마련해놓았다. 여기서 그 개념들을 자세히 소개할 수는 없으니, 다만 레토릭은 결국 분류의 문제라는 점만 기억하기 바란다.

광고의 레토릭을 다루는 이 책에서도 분류의 문제가 역시 핵심이 될 수밖에 없었다. '현상은 법칙보다 풍부하다'는 말을 거듭 떠올리며 필자가 분류한 결과는 '의인화하기/ 유명세 활용하기/ 대구/ 위협하기/ 펀(pun)/ 규정하기/ 입증하기/ 과장하기/ 은유와 환유/ 내러티브' 이렇게 열 가지이다. 그 열 가지 대분류 아래 다양한 소분류도 준비했다. 주관적이고 편의적이며 여러 분류방법의 혼성모방이라는 지적을 예상한다. 누구나 공감할 수 있는 원칙에 입각한 정교한 분류체계가 아니라는 점도 인정한다.

하지만 이 분류체계를 위해 필자의 십여 년 광고 현장 경험과 짧은 연구 경험이 모두 동원되었음은 분명히 말하고 싶다. 학문적인 이유 때문에 분류를 위한 분류를 한 것이 아니라, 광고를 효율적으로 만들고 이해하는 데 유용한 참고가 될 수 있도록 노력했다. 그것의 흠과 틈, 겹침과 어긋남을 바로잡고 보편타당한 분류 체계를 수립하는 일은 앞으로의 과제로 남겨두겠다.

---

6) Barthes, 앞의 책, 1993.

7) Jacobson, R. 『일반언어학이론』(권재일 옮김), 민음사, 1989.

8) Eco, U. 『기호와 현대예술』(김광현 옮김), 열린책들, 1998.

9) Leigh, J. "The Use of Figures of Speech in Print Ad Headline," *Journal of Advertising* 23, 1994, pp.17-33.

01 인면제심(人面製心),
의인화하기

의인화의 개념과 효과

광고의 궁극적 목표는 판매에 있다. 최근에는 광고의 목표를 브랜드 관리라는 관점에서 설명하지만, 브랜드 관리도 어디까지나 판매를 전제로 하는 것이다. 따라서 광고를 쉬운 말로 정의한다면 광고주가 소비자에게 자신의 제품을 사면 좋다고 전하는 메시지이다. 광고주, 소비자, 제품, 이 세 가지는 광고를 이해하려고 할 때 중요하게 고려해야 할 영역이다. 즉 어떻게 하면 광고주가 소비자에게 제품의 장점을 효과적으로 전달할 수 있을지가 광고의 핵심이다.

광고 크리에이티브의 가장 기본적이고 고전적인 형태는 제품에 대한 광고주의 목소리가 직접 드러나는 방식이다. 1960, 70년대 광고를 본 적이 있는가? 광고주가 직접 나오거나, 아니면 광고주를 대신하는 목소리나 모델을 통해 제품의 특성을 전달하는 광고들을 많이 볼 수 있다. 하지만 이렇게 하면 신뢰는 줄 수 있지만 재미는 많이 떨어진다. 그래서 광고주나 제품을 대신해, 소비자에게 좀 더 친근하고 재미있게 광고를 전달할 수 없을까 생각하게 되었고, 그 결과 나온 것이 모델과 비유물의 사용이다. 비유물은 객관적 상관물(objective correlative)■이라고도 한다. 여기서 모델은 대체로 광고주나 소비자를 대신하여 광고주의 주장이나 소비자의 생각을 전달해주는 대리인이고, 비유물은 대체로 제품을 대신해 제품의 장점이나 이미지를 전달해주는 대리물이다.

비유물에 대한 설명을 조금 더 해보자. 예를 들어 제품이 가볍다면 깃털을 사용할 수 있고 강하다는 사실을 전달하려면 호랑이를 등장시킬 수 있다. 이 경우 깃털이나 호랑이가 바로 비유물(혹은 객관적 상관물)이다. 비유물이 제품보다는 친근하기는 하지만, 제품을 사람처럼 표현한다면 더 친근하고 재미있지 않을까, 생생한 메시지를 전달 할 수 있지 않을까 하는 생각을 할 수 있겠는데 그 방법이 바로 의인화이다.

의인화란 '사물이나 추상개념을 사람인 것처럼 표현하는 수사학적 방법'을 말한다. 이 경우 사람이 아닌 생명체로 표현하는 수사학적 방법을 특별히 활유법이라고도 하지만, 크게 보면 의인화의 범주에 넣을 수 있어 여기서는 의인화와 함께 설명하겠다.

의인화는 인류의 역사에서 아주 깊은 뿌리를 가진 수사법이다. 『이솝 우화』를 떠올려보자. 여러 가지 동물들이 사람처럼 생각하고 행동하는 이야기였던 것을 기억할 수 있을 것이다. 『이솝 우화』는 의인화를 통해 사람의 위선과 허위의식을 조롱하는 이야기다. 우리의 문학사에서도 고려시대 가전체 소설은 의인화의 좋은 예이다. 『공방전(孔方傳)』이라고 하는 가전체 소설은 엽전을, 『국순전(麴醇傳)』은 술을, 『저생전(楮生傳)』은 종이를, 『죽부인전(竹夫人傳)』은 대나무를 의인화해 인간의 여러 가지 세태를 풍자했다.

그렇다면 광고에서 의인화는 어떤 장점을 갖고 있을까? 첫번째는 제품에 개성을 부여할 수 있다. 의인화를 활용하면, 속성-편익-가치의 3단계 래더링(laddering)■■에서 편익이나 가치 부분이 비교적 손쉽게 전달될

■ 영국의 시인 겸 비평가 T.S. Eliot이 언급한 개념으로, 어떤 특별한 정서를 곧장 환기시키도록 제시된 외부적 사건을 말함.

■■ 제품은 속성(attribute), 혜택(benefit), 가치(value)의 3단계를 통해 소비자의 구매결정에 관여한다는 광고전략의 모델

수 있다는 장점이 있다. 두번째는 제품을 친숙하게 만들어준다는 것이다. 제품은 대체로 광고의 목표 청중에게 생소하고 낯설기 마련인데, 제품을 의인화하면 그런 생소함이나 낯섦이 해소되어 목표 청중이 제품에 대한 흥미와 매력을 느끼게 할 수 있다. 세번째는 소비자의 언어로 표현할 수 있다는 점이다. 소비자에게 제품이 그들의 생활에 꼭 필요한 물건이라는 걸 알리려면, 생경한 물질의 언어가 아니라 일상적인 소비자의 언어가 훨씬 효과적일 텐데, 바로 의인화를 사용하면 그것이 쉽고 자연스럽게 이루어질 수 있다.

인면수심(人面獸心)이란 말이 있다. 얼굴은 사람인데 마음은 짐승 같다는 뜻이다. 이 말에 빗대어 광고의 의인화하기를 설명하면, 인면제심(人面製心)이라고 할 수 있다. 사람처럼 표현되었지만 사실은 제품의 마음[心], 즉 제품의 특성을 전달하고 있다는 뜻이다. 이제, 몇 가지 유형과 그에 따른 다양한 사례를 통해 의인화의 장점을 차근차근 확인해보자.

의인화의 유형과 사례

1. 제품을 사람으로 표현하기

✓사례 1. SK 텔레콤 준(June) TV광고 및 인쇄광고

의인화의 첫번째 유형은 '제품을 사람으로 표현하기'이다. 그 첫번째 사례로서 SK 텔레콤 준의 브랜드 론칭(brand launching) 캠페인을 소개하겠다. TV광고의 경우 왼쪽과 오른쪽의 화면을 분할한 다음 왼쪽에는 흰 여백과 카피, 오른쪽에는 모델과 배경을 처리했다. 인쇄광고의 경우에도 화면을 분할해서 위쪽에는 흰 여백, 아래쪽에는 카피와 모델을 배치해 독특한 레이아웃을 선보였다.

준과 같은 시기에 나온 비슷한 제품인 핌(Fimm)의 광고를 비교해보면 재미있다. 당시 핌 광고는 서태지를 모델로 썼는데, "새롭지 않으면 나타나지도 마라"라는 도발적인 카피를 통해 제품의 새로움을 알리려 했다. 그런데 비슷한 제품, 비슷한 시기, 비슷한 성격에도 불구하고, 적어도 광고적으로는 준 광고가 압승했다는 판단을 내리고 싶다. 그 이유는 준 광고가 N세대의 감각과 정서를 여러 면에서 잘 나타냈기 때문이라고 생각한다. 두 광고의 비교는 '은유와 환유'를 설명할 때 더 자세히 살펴보자.

준의 1차와 2차 TV광고는 티저(teaser)광고 ▪ 의 성격을 띠고 있다. 이 두 편의 광고 카피는 모두 "어느날 우연히 오른쪽으로 고개를 돌렸을 때 준을 만났다"이다. 여기서 오른쪽이란 것은 모델의 오른쪽이고 시청자를 기준으로 해서는 왼쪽이다. 그 왼쪽에는 여백과 자막이 있다. 오른쪽의 모델과 배경 영상에 비하면 왼쪽 부분의 여백이 상당히 많다. 심리적으로 소비자들은 이 광고를 보면서 꽉 채워진 오른쪽과 같이 왼쪽도

▪ 광고하려는 제품이나 기업을 밝히지 않고 소비자의 호기심을 유발해, 효과를 높이려는 의도의 광고. '애태우다'는 뜻의 'tease'에서 유래된 말.

◀ 1차, 2차 준 TV광고

■ 인터넷이나 핸드폰 등 디지털 네트워크(network)를 즐겨 사용하는 10대, 20대를 지칭하는 용어로서, 이들은 커뮤니케이션은 물론 오락, 학습, 정보 수집 등 거의 모든 활동을 디지털 미디어를 통해 해결한다.

채우고 싶은 욕구를 갖게 되고, 그 채우고 싶은 욕구가 제품에 대한 관심과 호기심으로 작용한다. '어느날 우연히' 이 말에도 N세대■의 사고방식이 잘 나타나 있다. 그 이전 세대, 즉 구세대들은 대체로 귀납적이고 인과론적인 근대 합리주의에 바탕을 둔 사고방식을 갖고 있다. 하지만 '어느날 우연히'는 이런 기존의 사고방식을 거부하는 표현으로서 N세대만의 자유분방한 생각이 담겨 있는 카피이다.

그런데 여기서 짚고 넘어가야 할 사실은, 준은 통신 서비스라는 무형의 상품으로 아무도 그 자체를 볼 수는 없다는 것이다. 실제로 볼 수 없는 준을 사람을 만나듯 만났다고 할 수 있도록 해주는 것이 바로 의인화이다. 의인화를 통해 제품에 대한 기대나 관심을 한껏 높이고 있다.

3, 4차 TV광고는 티저광고에 이은 본 광고이다. 티저광고로 일으킨 관심과 호기심을 본 광고로 이어가려는 의도일 것이다. 첫번째 광고의 키 카피는 "준 영화를 보여줘요"이고, 그 다음 편은 "준 이런 동영상은

3차, 4차 준 TV광고 ▶

보내지 마"이다. 3차 광고에서는 친근하고 일반적인 모델, 어글리(ugly) 모델이라고까지 할 수는 없지만 어쨌든 평범한 모델을 내세워 상황을 자연스럽게 연출하고 있다. 다음 4차에서는 실연의 아픔이 재미있게 표현되었다. 일종의 부정적 접근(negative approach)인데, 부정적인 접근이지만 제품 자체는 부정적으로 인식되지 않으면서 독특한 이미지를 만들어내고 있다. 여기서 준은 영화도 보여주고 동영상도 보내주는, 마음씨 좋은 사람으로 의인화되어 있다.

다음은 준의 인쇄광고이다. 동영상 서비스가 제공할 수 있는 다양한 아이템을 시리즈로 표현하고 있다. TV광고와는 달리 위아래로 분할해서 위에는 여백을 주고 아래쪽에는 카피와 모델을 배치하는 레이아웃이다. 헤드라인이 손으로 쓴 글씨체─영어로는 칼리그라피(caligraphy)라고한다─로 표현되어 친근하고 자연스러운 이미지를 전달하고 있다. 기억해야 할 것은 준을 사람처럼 생각하고 준에게 말하는 투로 설명하고 있다는 점이다. 교통상황, 뮤직비디오, 배경화면, 영화, TV뉴스를 보여주고 바꿔달라는 요청사항을 마치 옆에 있는 친구에게 말하는 것처럼 친근하게 전달하고 있다.

▼ 준 인쇄광고

✓사례 2. 삼성전자 브랜드광고

다음은 삼성전자의 브랜드광고로서 "또 하나의 가족" 시리즈 인쇄광고이다. 이 광고들은 가정 내에서 혹은 가족과 함께 하는 가전제품을 '또 하나의 가족'이란 말로 의인화함으로써 친근감과 휴머니티를 전달하고 있다. 전자제품 광고는 우리나라 광고 역사에서 상당히 중요한 아이템이다. 1970년대의 금성사와 삼성전자의 치열했던 광고전이 지금까지도 전통으로 이어져 내려오고 있다.

재미있는 사실을 한 가지 떠올려보자. 1970년대에 금성사에서 사용한 슬로건이 "기술의 상징"이었는데, 거기에 대해서 삼성전자는 기술 앞에 첨단을 붙여 "첨단기술의 상징"이라고 대응했다. 금성사보다 좀 더 앞선 기술이라는 뜻이다. 금성사는 다시 첨단기술 앞에 '최'를 붙여서 "최첨단 기술의 상징"으로 맞대응을 했다. 말로는 금성사가 앞서갔지만, 소비자들이 과연 금성사의 기술이 앞섰다고 생각했는지는 의문이다. 어쨌든 1970년대에는 양사가 기술이라는 키워드를 가지고 치열한 광고전을 벌였던 것이다.

1980년대에는 휴먼테크와 테크노피아 간의 싸움이 있었다. 삼성전자

의 휴먼테크와 금성의 테크노피아, 양사는 이런 슬로건을 가지고 치열한 광고전을 벌였다. 영어로 표현되었고 컬러광고인데다가 컴퓨터그래픽까지 동원되는 등 여러 가지 테크닉은 발전이 되었지만, 그 기본은 역시 '기술'이었다. 그러다가 1990년대 중반에 들어서 기술만으로는 소비자를 설득해 공감을 이끌어낼 수가 없다고 판단해, 삼성전자는 휴머니즘적인 접근을 하게 되었다. 그 결과가 "또 하나의 가족"으로 의인화된 제품을 통해 친근하고 따뜻한 브랜드 이미지 캠페인을 전개했던 것이다.

✓사례 3. 스포츠 토토

스포츠 토토는 스포츠 복권이다. 스코어를 알아맞히는 사람에게 일정한 배당을 주는 상품이다. 이 광고에서 스포츠 토토라는 상품을 '토토氏'라는 의인화된 모델을 통해 전달하고 있다. 다만, '토토 氏'와 제품 특성 사이의 관련성이 약하다는 게 이 광고의 흠이다.

▲ 롯데칠성 콜드

✓사례 4. 롯데칠성 콜드

롯데칠성 콜드 광고의 헤드라인은 "콜드야 학교가자"이다. 학교를 향해 제품을 들고 달려가는 두 여학생과 "take out"이라는 캐치프레이즈(catch phrase)가 보인다. 학교에 들고 가서 마시는 음료라는 제품의 특징을 '콜드야 학교가자'라는, 제품을 의인화한 카피로 재미있게 설명하고 있다.

2. 제품과 관련된 사물을 사람으로 표현하기

✓사례 1. SK 텔레콤 기업광고

다음은 의인화의 두번째 유형으로서 '제품과 관련된 사물을 사람으로 표현하기'이다. 그 첫번째 사례로 SK 텔레콤의 기업광고 두 편이다. 첫번째 광고의 헤드라인은 "웃어라 학교야"이다. 한때 공교육의 붕괴나 낙후된 교육시설에 관해 우려하는 목소리가 많았다. SK 텔레콤은 이런

교육환경에 대해서 관심을 갖고 지원하겠다는 의지를 "웃어라 학교야"
라는 학교를 의인화한 카피로 제시하고 있다. 두번째 광고는 "힘내라
축구야"이다. 2002 한일월드컵을 앞두고 저변이 넓지 않은 우리 축구의
현실을 안타까워하며 적극 지원하겠다는 기업의 의지를 보여주고 있다.
여기서도 마찬가지로 축구라는 무형의 실체를 마치 사람인 것처럼 "힘
내라"라며 의인화하고 있다.

▼ 나드리 스킨 트리트먼트

✓사례 2. 나드리 스킨 트리트먼트, 태평양 튜닝 샴푸
　다음은 나드리 스킨 트리트먼트와 태평양 튜닝 샴푸의 광고다.
첫번째는 스킨 트리트먼트 제품의 광고로서(나드리 스킨 트리트먼
트), "연하의 피부"라는 헤드라인이 보인다. 연하의 애인, 연하의
남자 등의 표현은 많이 쓰지만 연하의 피부라는 표현은 생소하면
서도 재미있다. 피부가 연하(年下)라는 건 피부가 피부의 주인보
다 나이가 어리다, 그런 뜻이다. 나드리 스킨 트리트먼트는 젊고
탄력 있는 피부를 가꿔준다는 메시지가 "연하의 피부"라는 카피

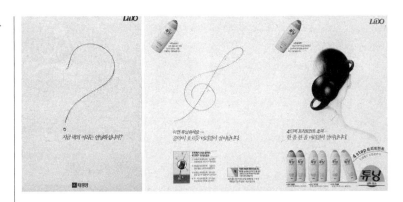

에 담겨 있는 것이다.

튜닝 샴푸 광고는 "댁의 머리는 안녕하십니까?"라는 카피가 보인다. 머리(카락)에게 마치 사람에게 인사하듯이 잘 있느냐, 즉 부드럽고 숱도 정상적인 상태로 되어있는가라고 묻고 있다. 많은 남성들이 30대 중반 이후 머리가 많이 빠지고 가늘어지는 현상에 시달리고 있기 때문에, 적어도 그들에게는 호기심을 끌 수 있을 것이다.

✓사례 3. 롯데리아 김치버거

다음은 롯데리아 김치버거 광고다. 김치를 넣은 버거가 김치버거일 것이다. "드디어 김치가 식탁을 떠났습니다. 김치의 화려한 변신 롯데리아 김치버거"라는 카피로 구성되어 있다. 김치는 대부분 밥과 함께 먹는 반찬으로서, 식탁을 떠난다는 것을 생각하기는 상당히 어려운 식품이다. 그런데 김치를 버거 속에 넣어서 포터블(portable)한, 즉 들고 다닐 수 있는 음식으로 만들었기 때문에 이런 카피가 가능했고, 그런 카피를 시각적으로 극대화시키기 위해 김치를 들고 집을 떠나는 장면이 연출된 것이다.

✔ 사례 4. 스카치 블루

　다음은 스카치 블루의 신문광고다. 첫번째 광고의 헤드라인은 "어허,
세상의 존경을 받는다는 위스키께서"이고, 서브헤드에는 "왜 나온 지
3년이나 지난 스카치 블루의 병을 이제 와서 문제 삼고 있는 것입니까?"
라고 적혀 있다. 바디카피는 라벨에 대해서 문제를 제기한 경쟁사를 반
박하는 내용이다. 라벨이 손가락이나 칼 같은 걸로 뜯겨져 있는 모습이
비주얼로 보이고 있다. 경쟁사의 비방에 대해서 의인화라는 방법을 동
원해 점잖고 여유 있게 대응하는 광고다.

　두번째 광고에는 "스카치 블루는 요즘 참 기분이 좋습니다"라는 헤드
라인이 보인다. 그 밑 서브헤드는 "요즘 유명 양주 회사에 맞서서 기분
좋은 사연"이라고 되어 있고 '경쟁사의 비방에 대해서 오히려 기분이
좋다'는 내용이 바디 카피에 담겨 있다. 비주얼을 보면 눈에 멍이 든
젊은 남자의 웃고 있는 모습이 보이는데, 이 모델이 바로 스카치 블루를
상징한다. 경쟁사에 맞서서 아플 것 같지만 오히려 기분이 좋다는 내용
을 시각적으로 표현하고 있다. 사실 이 광고는 제품이 사람으로 표현된
유형으로 설명하는 것이 더 옳다.

▲ 포카칩

3. 사물이 스스로 말하기

✓사례 1. 포카칩

의인화의 세번째 유형으로서 '사물이 스스로 말하기'를 소개한다. 그 첫번째 사례로서 포카칩의 TV광고다. 이 포카칩 광고는 제품과 관련된 사물, 즉 감자나 고구마가 직접 말하는, 현실에선 있을 수 없고 우화나 동화에서나 가능한 표현을 하고 있다. 감자인 줄 알고 결혼했더니 알고 보니 고구마였다, 이런 코믹한 이야기가 두 사람의 대화를 통해 표현된다. 이 광고는 포카칩은 불량감자가 아닌 일등감자로만 만들어진다는 전체적 캠페인 전략 아래 만들어진 광고이다. 이런 배경에서 감자(혹은 고구마)가 코믹한 인간으로 등장해 재미있는 상황을 만들고 있다.

✓사례 2. 하이주

다음은 하이주라는 음료 광고이다. 하이주는 맥주는 아니지만 맥주를 대체할 수 있는 성격의 음료이다. 헤드라인을 보면 "맥주 하하하 이젠 하이주다"라고 되어 있다. 비주얼로 하이주의 캔 윗부분이 보이는데, 마치 입을 벌려서 크게 웃는 사람 모습 같다. 이 광고는 비주얼의 웃는 모습과 '하하하'라는 카피로 표현된 웃음소리, 그리고 '하이주'라는 브랜드 네임, 이 세 가지가 잘 어울려 마치 하이주라는 제품이 말하는 듯한 느낌을 준다. 사물이 사람처럼 의인화돼 말을 걸고 있는 표현이다. 의인화를 통해 브랜드 네임과 제품의 성격을 쉽고 친근하게 전달하고 있는 광고이다.

▲ 하이주

✓사례 3. 엔진오일 지크 라디오 CM

엔진오일 지크의 라디오 CM의 카피는 이렇다. 차가 사람처럼 목소리를 내면서, "주인님은 미워요. 왜 나쁜 엔진오일만 넣어주세요"라며 항의하니까, 차의 주인이 "몰랐지. 이제부터 지크만 넣어줄게"라고 대답하는 내용으로 구성되어 있다. 여기서 차는 실제로 말을 할 수 없는데, 마치 사람인 것처럼 주인에게 항의한다는 발상이 재미있다. 의인화를 통해 엔진오일로 지크를 넣어야만 차가 만족한다는 메시지를 이 광고는 재미있게 전달하고 있다.

✓사례 4. S-OIL TV광고

S-OIL의 TV광고는 차가 의인화되었다는 점은 앞의 지크 광고와 같다. 하지만, S-OIL 광고에서 의인화된 차는 지크 엔진오일 광고에서 나오는 차처럼 경박하거나 경망스럽지 않고 점잖고 여유 있는 성격의 차인 듯하다. "가끔은 눈보라 속에서 날 꽁꽁 얼게 만들지만 / 힘을 주는 S-OIL만 넣어준다면 / 주인님을 용서한다." 이렇게 너그러운 아량까지 베풀고 있다. 의인화를 통해 차가 원하는 휘발유라는 메시지를 유머러스하게 전달하고 있는 것이다.

▲ S-OIL

지금까지 의인화하기를 소개했다. 의인화를 다시 한번 정의한다면 사물이나 추상개념을 인간인 것처럼 정의하는 표현하는 수사학적 방법이다. 그리고 의인화하기의 몇 가지 유형과 이에 따른 다양한 사례를 살펴보았다. 의인화하기의 표현 방법에는 제품에 개성(personality)을 부여하고 제품을 친숙화(familization) 하며, 제품의 특장점을 소비자 언어로 표현함으로서 광고의 목표 청중으로 하여금 제품에 대한 매력과 흥미를 쉽게 느끼게 할 수 있다는 장점이 있다는 사실을 다시 한번 기억하기 바란다.

02 공짜 빅모델,
유명세 활용하기

유명세 활용하기의 개념과 효과

"'에이스침대'에서 일어나 '쌍방울 트라이 속옷'을 챙겨 입고 '비오템 화장품'으로 화장을 한다. 'FRJ 의류'를 입은 후 '롯데 쇼핑몰 영마트'에서 구입한 선글라스를 쓰고 외출한다. 아침을 거른 그녀는 '델몬트 망고 주스', '롯데삼강 돼지바', '해태제과 내 몸에 플러스 888'로 허기를 달랜다. 낮에는 '삼성 애니콜 휴대폰'으로 친구들과 수다를 떤 후 '도브 초콜릿'을 먹으며 '라그나로크 게임'을 즐긴다. 저녁에는 'SK 엔크린 보너스카드'에 가입한 후 '배상면주가 산사춘'을 마신다." 2003년 장안의 화제가 되었던 '이효리의 하루'이다. 2001년의 '이영애의 하루'와 비슷하지만, '이영애의 하루'가 8개의 제품으로 구성되었다면 '이효리의 하루'는 그 두 배인 16개의 제품으로 구성되어 있다. 당시 이효리는 모두 50여억 원의 모델료를 벌어들인 것으로 알려져 있다.

이효리나 이영애가 그들이 모델로 나오는 광고에서처럼 그 제품을 날마다 사용하며 살기 위해서는 어쩌면 하루 24시간이 모자랄지도 모른다. '이효리의 하루'나 '이영애의 하루'는 돈벼락을 맞았을 그들에 대한 부러움과 함께, 아마도 그렇게 살고 있지 않을 그들의 행태를 비꼬기 위해 만들어진 말이라고 생각한다.

한 사람이 이렇게 많은 광고에 모델로 나온다면, 혼란스러운 소비자들로부터 원하는 효과를 얻을 수 있을지도 의문스럽다. 모델을 통해서 제품을 광고해야 하는데 제품은 기억되지 않고 모델만이 기억되는 경우도 매우 많다. 광고주 입장에서 생각했을 때, 모델료는 모델료대로 거액이 들어갔는데 효과는 별로라면 얼마나 수지 안 맞는 장사이겠는가?

이럴 때 생각할 수 있는 방법이 바로 '유명세 활용하기'이다. '유명세 활용하기'는 비싼 모델료를 지불하지 않고도 광고의 목표를 매우 효과적으로 달성할 수 있는 수단이 될 수 있기 때문이다.

광고의 목표는 알려지지 않은 제품 혹은 브랜드를 알리고, 친숙하지 않은 제품 혹은 브랜드를 친숙하게 만들고, 믿음이 안가는 제품 혹은 브랜드를 신뢰하게 만드는 일이다. 그렇게 해서 광고는 궁극적으로 제품 판매에 기여하는 일을 하는 것이다. 이 목표를 달성하려면, 이미 잘 알려진 유명한 사람이나 사물, 사실, 개념 같은 것들을 활용하는 방법을 생각할 수 있다. '유명세 활용하기'란 이와 같이 이미 잘 알려진 것들을 광고에 활용하는 방법이다. 즉 목표 청중에게 이미 잘 알려진 사람이나 사물, 장소 또는 그와 관련된 개념을 그대로 이용하거나 약간 변형해서 광고의 소재로 삼는 방법이다. 목표 청중이 그 대상물의 의미나 가치를 잘 알고 있을수록, 그리고 그것이 광고의 컨셉(concept)와 잘 어울릴수록, '유명세 활용하기'는 광고 표현의 매우 효율적인 수단이 될 수 있다.

광고는 메시지를 목표 타깃에게 빨리, 쉽게 그리고 강하게 전달하거나 설득하기 위한 수단이다. 그렇다면 목표 타깃이 그 의미나 가치를 잘 알고 있는, 그리고 광고의 컨셉과 잘 어울리는 유명한 말이나 사람, 사물, 노래, 장소, 개념 등의 힘을 빌려 쓴다면 훨씬 빨리, 쉽게, 그리고 강하게 그 메시지를 전달할 수 있을 것이다. 그것이 바로 '유명세 활용하기'만의 돋보이는 장점이다. 이제, 그 장점을 몇 가지 유형과 사례를 통해 자세히 살펴보겠다.

유명세 활용하기의 유형과 사례

1. 유명인 내세우기

유명세 활용하기의 첫번째 유형은 '유명인 내세우기'이다. 이것은 글자 그대로 역사적 또는 사회, 문화적으로 잘 알려진 유명한 인물을 통해 광고가 전달하고자 하는 컨셉트나 제품 혹은 브랜드의 의미, 가치 따위를 전달하는 방법이다. 여기서 유의할 점이 있는데, 우리나라의 저작권법에는 초상권이라는 권리를 명시하고 있다는 것이다. 초상권이란 어떤 인물의 얼굴을 대신하는 사진 혹은 영상에 대한 사용권을 말한다. 저작권법을 보면 생존 인물은 물론이고 사망한 인물에 대해서도 사후 50년까지 초상권이 보호되도록 규정되어 있다.

✓사례 1. 삼성그룹 광고 '세계일류 1차 캠페인'
이제, 유명인 내세우기의 첫번째 사례로 삼성그룹의 광고 세계일류 1차 캠페인의 TV광고와 신문광고를 살펴보겠다. 이 광고의 키 카피는 "역사는 일등만을 기억합니다"이다. 대서양을 횡단한 찰스 린드버그, 전화를 발명한 벨, 최초로 달 착륙한 암스트롱, 이 세 사람이 수립한 '세계 최초'의 의미를 전달하고 최초가 아니면 아무도 기억하지 않는 역사의 냉혹한 현실을 이 광고는 말해주고 있다. 이 광고를 통해 삼성은 2등, 3등이 아닌 1등이 되기 위해서 노력하겠다는 강한 의지를 전달하고 있다.

▼ 삼성그룹

▲ 삼성그룹

신문광고의 헤드라인은 "아무도 2등은 기억해 주지 않는다"이다. TV광고의 키워드는 "역사는 일등만을 기억합니다"였다. 두 가지가 다 세계 일류라는 큰 캠페인 슬로건하에 전개된 매체별 슬로건인 셈이다. 이 광고를 보면 벨보다 한 시간 늦게 전화를 발명한 그레이라는 인물, 린드버그보다 2주 늦게 대서양을 횡단했던 챔벌린이라는 인물, 암스트롱보다 나중에 달 착륙을 했던 인물, 손기정에 이어 2등을 했던 하퍼라는 인물, 이렇게 모두 2등을 했던 인물들이 등장하고 있다. 중요한 역사적 사건에서 매우 아쉽게 1등을 놓친 이런 인물들을 통해서 역설적으로 1등의 중요성을, 그리고 역사의 냉혹한 원칙을 이 광고는 말해주고 있다. TV광고에서는 1등을 한 인물들만 소개했는데, 이렇게 2등을 한 인물들을 소개해줌으로써, 1등의 중요성을 역설적으로 환기시켜주고 있는 셈이다.

✓사례 2. 삼성그룹 광고 '세계일류 2차 캠페인'
이 1차 캠페인이 나가고 난 후에 삼성그룹은 여러 가지 여론의 비판에 직면하게 되었다. 왜 일등만이 살아남는가? 이등이나 삼등이 있기에 일등도 있는 게 아닌가? 꼴찌도 중요하지 않은가? 너무 일등 지상주의만

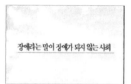

▲ 삼성그룹

키워 냉혹한 경쟁의 분위기를 조장하는 게 아닌가? 이런 비판들이었다. 그래서 삼성그룹은 세계일류라는 큰 테마를 유지한 채, 1차 캠페인을 발전시킨 2차 캠페인을 내보내게 되었다.

2차 캠페인 TV광고의 카피는 "아무도 이 사람을 장애인으로 기억하지 않습니다. 우리는 이 사람을 4선 대통령 루스벨트로 기억합니다"이다. 이 광고의 소재가 되고 있는 유명인은 바로 프랭클린 루스벨트 전 미국 대통령이다. 그는 미국 역사상 유일하게 4선을 한 대통령이다. 대공황과 제2차세계대전이라는 특수한 상황 때문에 그럴 수 있었을 것이다. 그런데 그 루스벨트 대통령이 장애인이라는 사실을 아는 사람은 많지 않다.

루스벨트를 통해서 이 광고는 "장애라는 말이 장애가 되지 않는 사회, 그곳에 세계일류가 있습니다"라고 말하고 있다. 1차 캠페인에서는 일등만이 세계일류라는 메시지를 전달했다면, 2차 캠페인에서는 장애인도 포용할 수 있는 사회, 즉 능력만으로 모든 것이 평가받는 사회가 바로 세계일류라는 메시지를 전달하고 있다.

신문광고의 소재가 되고 있는 유명인은 영국의 대처 전 수상(首相)이다. 1980년대에 영국의 수상을 지낸 인물이다. 어려운 환경 속에서 여러 가지 역경과 핸디캡을 딛고 수상이 되었으며, 수상이 된 후에도 탁월한 업적을 남긴 인물이다. 이 대처라는 인물을 통해서 세계일류란 누구에게나 가능성이 열려있는 사회라는 메시지를 전달하고 있다.

이 2편의 2차 캠페인 광고는 모두 세계일류란 1등, 2등의 문제가 아니라 능력이라는 원칙이 지켜지는 사회임을 말하고 있다. 1차 캠페인보다 확실히 발전된 개념이다. 삼성이 그런 사회를 만들기 위해 실제로 어떤 노력을 했고, 또 할 것인지는 우리 모두 계속 관심을 가지고 지켜봐야 할 일이다.

◀ 삼성그룹

✓사례 3. 신세계의 "새로운 세계" 캠페인

다음은 유명인 내세우기의 세번째 사례로서 신세계의 "새로운 세계" 캠페인이다. TV광고 두 편과 신문광고 네 편의 시리즈 광고를 차례차례 감상해보자.

첫번째 TV광고의 소재가 된 유명인은 윤복희이다. 2~30대는 잘 기억하지 못할 수도 있지만 40대 이상의 사람들에겐 가수로서 잘 알려진 인물이다. 가수로서 히트곡도 많지만, 뮤지컬 배우로도 활약했다. 그런데 윤복희는 가수나 뮤지컬 배우로서 뿐만 아니고 1967년 최초로 우리나라에 미니스커트를 소개한 화제의 인물이었다. 1967년의 사회적 분위기는 지금보다 훨씬 더 보수적이었을 것이다. 그런 분위기에 미니스커트를 선보이고, 이것을 젊은 여성들 사이에서 선풍적인 인기를 끌게 만든 인물이었다. 물론 당연히 많은 비난도 받았다. 그렇지만 그런 비난을 무릅쓰고 여성의 개성과 자유의 상징으로서 미니스커트를 이 땅에 소개한 윤복희라는 인물, 그녀를 통하여 새로운 세계를 만들기 위해서는 꿈

▼ 신세계

▲ 신세계

과 용기가 필요하다, 신세계는 그런 꿈과 용기로서 새로운 세계를 만들어가고 있다는 메시지를 이 광고는 전달하고 있다.

신세계의 두번째 TV광고의 소재가 된 인물은 서태지이다. 서태지는 그야말로 설명이 필요 없는 인물이다. 요즘은 대중 앞에 잘 나타나지 않지만, 가히 핵폭발 같은 대중동원력을 갖고 있는 가수라고 할 수 있다. 그런데 서태지가 처음 나왔을 때만 해도, 랩이라는 파격적이고 실험적인 형식 때문에, 특히 기성 음악인들로부터 비난도 많이 받았다. 그런 비난을 무릅쓰고 음악을 하기 위해서는 그에게 누구보다도 더 큰 꿈과 용기가 있었을 것이다. 이 광고는 그때 그가 가졌던 바로 그 꿈과 용기를 신세계의 가치로 전이시키고 있다.

TV광고에 이어 신문광고 4편 시리즈를 보자. 윤복희 편과 서태지 편은 앞에서 본 TV광고의 변형(variation)이다. "미쳤군", "노래도 아니다"와 같은 헤드라인과 함께 앞서 말한 두 사람의 개성적인 꿈과 용기가 바디카피로 전달되고 있다.

신세계 ▶

"잠꼬대?"

신세계

"겁도 없다"

신세계

　그 다음 이어지는 광고는 백남준 편과 정명훈 편이다. 백남준 편의 헤드라인은 "잠꼬대", 정명훈 편은 "겁도 없다"이다. 백남준은 우리나라가 낳은 세계적인 비디오 아티스트이다. 전위 예술가인 존 케이지의 영향을 받아, 1963년 세계최초의 비디오 전시회인 '음악 전람회'를 열면서 세계의 관심을 끌게 되었고, 1982년에 뉴욕에 진출하면서 비로소 세계적인 비디오 아티스트로 각광받기 시작했다. 1984년에는 <굿모닝 미스터 오웰>이라는 인공위성 프로젝트를 만들었고, 1986년 서울 아시안게임에서는 <바이바이 키플링>이라는 프로젝트를 성공적으로 치루기도 했다. 그런데 비디오 아티스트라는 새로운 영역을 만들기 위해 백남준이 했던 노력은 실로 엄청났을 것이다. 꿈과 용기가 없었다면 할 수 없는 일이었다. 이 광고는 백남준이 품고 있었던 그 꿈과 용기를 신세계의 비전과 연결시키고 있다.

　정명훈 또한 우리나라가 낳은 세계적인 예술가이다. 이미 어렸을 때부터 각종 세계적인 콩쿠르에서 일등을 했던 화려한 전력을 갖고 있다.

또한 지휘자로서도 베를린 필, 런던 필, 뮌헨 필 등 세계적인 오케스트라를 지휘했다. 1989년에는 세계 정상의 프랑스 바스티유 오페라단 음악총 감독 겸 상임 지휘자로 활동하기도 했다. 정명화, 정경화와 함께 정트리오로도 유명하다. 정명훈 이전에 과연 누가 세계적인 한국인 음악가를 상상할 수 있었겠는가? 정명훈의 꿈과 용기만이 그것을 가능케 했다. 신세계는 이 광고를 통해 정명훈의 그러한 이미지를 자신의 것으로 차용하고 있는 것이다.

▼ 스카이 라이프

✓사례 4. 스카이 라이프의 "아깝다 청춘" 캠페인

다음은 유명인 내세우기의 네번째 사례로서, 스카이라이프의 "아깝다 청춘" 캠페인 TV광고를 보자. 이 광고에 나오는 인물은 모두 세 명이다. 존 F. 케네디, 그리피스 조이너스, 마를린 먼로가 바로 그들이다. 존 F. 케네디는 잘 아시는 것처럼 1960년대 초 미국의 촉망받는 젊은 대통령이었는데 안타깝게도 피살되었던 인물이다. 그 죽음의 의문은 아직도 풀리지 않은 것으로 알고 있다. 그리피스 조이너스는 1988 서울올림픽 때 100m, 200m, 400m 계주 등 육상 단거리 3종목에서 3관왕을 차지한 후, 1998년 38세로 사망한 아까운 인물이다. 마를린 먼로는 설명이 필요 없는 세계적인 여배우이다. <돌아오지 않는 강> 등의 대표작들을 남기고 역시 요절하고만 불행한 인물이며, 공교롭게도 이 광고에 함께 나오는 케네디 대통령과 염문도 뿌렸다.

이 세 사람의 공통점은 한창 일할 아까운 나이에 죽었다는 것이다. 스카이라이프 광고는 그 공통점을 이용해서 "아깝다, 청춘! 스카이라이프도 못 보고"라는 코믹한 카피로써 제품의 재미와 유용성을 전달하고 있다. 유머와 허풍을 통해서 제품에 대한 화제를 유도한 재미있는 론칭 광고이다.

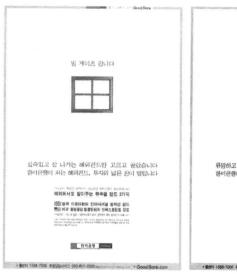

✔사례 5. 한미은행과 트래드클럽 광고

유명인 내세우기의 다섯번째 사례로, 한미은행과 트래드클럽 광고를 보겠다. 한미은행 광고는 두 편인데, 첫번째 광고에는 "빌 게이츠 팝니다", 두번째 광고에는 "스필버그 사세요"라는 헤드라인이 보인다. 바디카피를 보면 한미은행에서 유망하고 실속 있는 해외 펀드를 발매하니까 사라는 내용이다. 여기서 빌 게이츠는 IT산업의 황제, 스필버그는 영화산업의 황제라고 할 수 있는데, 그런 인물들이 왜 은행 광고에 등장했을까? 두 사람은 모두 부와 명예를 함께 거머쥔 인물이다. 한미은행에서 발매하는 해외 펀드는 마치 빌게이츠나 스필버그에게 투자하는 것처럼 수익성이 확실한 상품이라는 사실을 알려주기 위해 그들과 같은 인물이 동원된 것이다. 인물의 얼굴은 안 나오고 카피로만 표현했는데, 만약 사진까지 사용하려면 엄청난 초상권 사용료를 물어야 한다.

다음은 트래드클럽 광고이다. "보낼 길 없는 초대장"이라는 헤드라인 아래에 여러 유명한 인물들이 등장하고 있다. 케네디, 처칠과 같은 세계

▲ 트래드클럽

적인 정치인들도 있고, 우리나라의 홍난파, 이상과 같은 인물들도 보인다. 이 인물들의 공통점은 자기 분야에서의 성공 못지않게 멋쟁이로도 알려져 있다는 사실이다. 이미 죽었지만 아직도 멋쟁이로 기억되고 있는 이런 인물들에게 어울리는 정통 신사복이 바로 트래드클럽 제품이다. 이런 이미지를 이 광고는 전달하고 있다.

2. 유명한 장소, 사물 활용하기

✓사례 1. 유명한 장소 활용하기

다음은 유명한 장소, 사물 활용하기의 유형이다. 첫번째 사례는 유명한 장소를 소재로 한 광고로, 현대산업개발의 기업광고이다. "개마고원에 테마파크 못 만들라는 법이 어딨어?"라는 헤드라인이 보인다. 개마고원으로 보이는 장소에 테마 파크를 상징하는 그래픽 요소가 처리되어 있다. 불모의 땅에도 훌륭한 건축물을 지을 기술이 있다는 현대산업개발의 능력과 자신감을 과시하는 광고이다. 이 광고와 하나의 시리즈로 "달나라에 호텔 못 지으라는 법이 어딨어?" "사하라사막에 오페라하우스 못 지으라는 법이 어딨어?"를 헤드라인의 광고도 있었는데, 모두 똑같은 컨셉트를 전달하는 광고이다. 그런 오지에 실제로 그런 건축물을

▼ 현대산업개발과 동부그룹

지을 수야 없겠지만, 남들과는 다른 실력과 의지가 있다는 메시지를 전달하려는 의도를 알 수 있다.

다음은 동부그룹의 사원모집 광고로서(동부그룹), "그들은 서부로 갔다. 나 동부로 간다"는 헤드라인이 크리에이티브를 이끌고 있다. 서부와 동부의 대구(對句)가 특별히 눈에 띈다. 여기서 말하는 서부는 미국의 서부, 즉 웨스턴(Western)을 말하는 것이다. 미국의 서부란 돈과 명예 그리고 꿈이 있던 그런 장소였다. 미국의 '서부'처럼 동부그룹의 '동부'도 돈과 명예가 뒤따를 수 있는 장소라는 메시지를 전달하고 있다.

✔사례 2. 유명 브랜드 활용하기

자사 브랜드의 가치를 말해주기 위해 잘 알려진 유명 브랜드를 활용하는 경우도 있다. 우선 프라이드 광고를 보자. "세계는 지금 프라이드 스타일"이라는 헤드라인 아래, 영국의 오스틴미니, 이태리의 아우토비앙키, 독일의 폭스바겐 골프, 프랑스의 르노5, 푸조201, 일본의 혼다 시빅 등 세계적인 소형차들이 나열되어 있다. 이를 통해 세계 자동차 시장의 추세가 소형차로 흐르고 있다는 사실을 말해 줌으로써, 소형차인 프라이드에 대한 선호도를 높이려는 광고이다.

▲ 프라이드

보잉사는 항공기를 만드는 회사다. "하늘에서의 선택은 하나입니다"라는 헤드라인 아래 고급스런 차 세 대가 서 있는 레이아웃이다. 바디카피를 보면 그 차들은 각각 롤스로이스, 캐딜락, 벤츠인 사실을 알 수 있다. 모두 세계적으로 인정받고 있는 고급 승용차이다. 마치 땅에서는 이런 차들이 명성과 가치를 갖고 있듯이, 하늘에서는 보잉사의 항공기가 그만한 명성과 가치를 가지고 있다는 사실을 전

▲ 보잉사

▼ 대우증권

■ 원작의 대사, 스토리, 형태를 변조함으로써, 원작의 유명세에 기대어 원하는 메시지를 전달하는 기법. 주로 원작을 우스꽝스럽게 변조해 상황이나 세태를 풍자하려는 목적으로 쓰임.

달하고 있다.

3. 유명한 말이나 음악 활용하기

✓사례 1. 명언

이미 잘 알려진 유명한 말이나 음악도 잘 활용하면 큰 효과가 있다. 우선 명언을 활용하는 유형으로서, 대우증권의 기업광고를 보면, "눈 덮인 들길 걸어갈 제 / 아무렇게나 하지 말게나 / 오늘 남긴 내 발자국이 뒷사람의 길이 되리니 ……" 이 광고의 카피는 서산대사의 유명한 한시다. 이 인용을 통해서 한 치도 흐트러짐 없이 정도를 걸어가겠다는 대우증권의 의지를 표명하고 있다.

✓사례 2. 영화 제목 및 카피 패러디

해찬들고추장 광고는 고추장과 관련된 한국인들의 미묘한 심리를 잘 전달하고 있다.

한국 사람이라면 누구나 고추장이 맵다, 맵다 하면서도 자꾸 먹게 되는 경험을 했을 것이다. 이 광고의 키워드는 "매워도 다시 한번"이다. 매워도 다시 한번은, 1968년에 신영균, 문희, 전계향 등 당대의 쟁쟁한 배우들이 주연으로 나왔던 <미워도 다시 한번>의 패러디■이다. 1980년대 리메이크되기도 했는데, 우리나라 멜로 영화의 역사를 말할 때 빠질 수 없는 영화다. 이 광고는 <미워도 다시 한번>이라는 유명한 영화 제목을 재미있게 바꿔서 "매워도 다시 한번"이라고 표현함으로써, 맵기 때문에 맛있고 그래서 다시 찾는다는 제품의 메시지를 재미있게 전달하고 있다.

다음은 임프레스 속옷 광고이다. 모두 세 편인데, 첫번째 광고의 카피는 "낯선 팬티에게서 내 가족의 향기를 느꼈다"이다. 이것을 "낯선 여자에게

▲ 해찬들

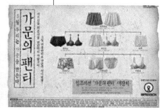

▲ 임프레스

서 내 남자의 향기를 느꼈다"는 남성 화장품 광고 카피의 패러디이다. 가족이 함께 입는 속옷이라는 메시지를 광고 카피의 패러디를 통해 유머러스하게 전달하고 있다. 두번째는 "팬티의 추억" 이라는 헤드라인의 광고인데, <살인의 추억>이라는 영화의 패러디이다. 성적 상상력을 자극하는 코믹한 표현을 통해서 제품의 특징을 잘 전달하고 있다. "가문의 팬티", 이것 역시 <가문의 영광>이란 영화의 제목을 패러디한 카피이다. 이런 패러디를 통해 명품 속옷, 즉 품위 있는 사람들이 입는 속옷이라는 메시지를 코믹하게 전달하고 있다.

　다음은 콤비콜라 광고 세 편이다. 첫번째 광고의 카피는 "나는 네가 지난 여름에 마신 콜라를 알고 있다"이다. <나는 네가 지난 여름에 한 일을 알고 있다>라는 영화 제목의 패러디이다. "콤비 괴담"은 영화 <여고 괴담>의 패러디이고, "콤비 호러 픽쳐쇼" 역시 영화 제목의 패러디이다. 이런 영화 제목의 패러디를 통해서 화제를 유발시키고 그 영화에 대해서 알고 있거나 본 사람들에게 호기심을 유발하는 재미있는

콤비콜라 ▶

광고다.

　지금까지 본 광고들은 이처럼 잘 알려진 유명한 말이나 영화 제목, 광고 카피를 패러디하여 제품의 특성을 쉽고 재미있게 기억시키고 있다.

✓사례 3. 음악 활용하기

　다음은 유명한 음악을 활용하는 사례를 살펴보겠다. 먼저 하이마트 광고 시리즈를 보자.

　이 광고들은 우리나라에서는 매우 드물게 오페라(혹은 뮤지컬)의 형식으로 만들어졌다. 처음 두 편은 베르디 오페라의 리골레토 중에서 「여자의 마음」이라는 부분을 이용해서 오페라 식으로 만든 광고이다. 리골레토는 베르디의 17번째 작품으로서 1851년에 발표되었다. 빅토르 위고의 『방탕한 왕』이라는 작품을 원작으로 삼았는데, 방탕한 군주, 곱사등이, 광대, 살인 청부업자, 매춘부들이 등장해서 프랑스 왕실의 방탕과 타락을 풍자하는 내용으로 되어 있다. 특히 이 「여자의 마음」은 파바로

티가 불러서 우리에게도 매우 익숙하다.

이 광고는 「여자의 마음」에 재밌게 가사를 붙여 결혼을 앞둔 두 남녀의 심리를 코믹하게 연출하고 있다. 마지막 광고는 멕시코 음악인 「베사메 무초」에 코믹한 가사를 붙여서 오페라 같은 장면을 연출하고 있다. 하이마트 광고는 이렇듯 잘 알려진 음악을 이용하여 오페라적인 연출을 통해서 신혼부부들에게 적합한 가전제품 전문 매장이라는 사실을 재미있고 친근하게 전달하고 있다.

지금까지 '유명세 활용하기'의 다양한 유형을 여러 가지 사례들을 통해 살펴보았다. '유명세 활용하기'에는 유명인 활용하기, 유명한 사물이나 제품 활용하기, 유명한 말이나 음악 활용하기 등이 있다는 사실을 알 수 있었다.

최근 광고의 중요한 특징 중 하나는 빅 모델 의존도가 점점 높아지고 있다는 것이다. 이에 따라 모델료도 천정부지로 오르고 있지만, 그 효과는 오히려 점점 떨어지고 있다는 게 문제다. 그런데, 지금까지 살펴본 '유명세 활용하기'를 잘 익혀두면 많은 돈을 들이지 않고도 매우 효과적인 광고를 만들 수 있을 것이다.

▲ 하이마트

03 치고 받기,
대구(對句)의 재미

대구의 개념과 효과

■ 헝가리 태생의 미학자로서 20세기 철학, 문학, 미학이론에 지대한 영향을 끼친 인물. 『영혼과 형식』, 『소설의 이론』, 『역사와 계급의식』 등의 저서가 있다.

　　맑시스트 미학자 게오르그 루카치(Georg Lucács)■는 소설의 장르적 특성을 "길은 끝나고, 여행은 시작되었다"라고 표현했다. '길은 끝났다'와 '여행은 시작되었다'는 문장이 따로따로 있으면 별 의미 없는 일상적 표현에 그쳤을 텐데, 루카치는 그 두 문장을 대비시킴으로써 소설에 대한 절묘한 정의를 내릴 수 있었다. '인생은 짧고 예술은 길다'는 유명한 구절도 마찬가지다. 그냥 예술은 길다고만 했다면 평범한 말이 되었을 텐데, 예술의 영원성이 인생의 유한성과 대비되었기 때문에 오랫동안 기억되는 명언이 될 수 있었던 것이다. "부모는 땅속에 묻고, 자식은 가슴에 묻는다"는 표현도 그렇다. 자식 잃은 부모의 심정이 '땅속에 묻는다'와 대비되는 '가슴에 묻는다'로 표현되었기 때문에 가슴을 울리는 구절이 될 수 있었을 것이다. 지금 예로 든 말들은 모두 대구를 이용해서 소설을, 예술을, 죽음을 촌철살인(寸鐵殺人)으로 말해주고 있다. 대구는 이처럼 짧은 문장에 많은 의미를 담을 수 있게 하는 수사적 표현이다.

대구(對句)를 정의하면 '서로 대비되는 문장 또는 어구를 나란히 늘어놓는 것'이다. 여기서 대비된다고 하는 것은 순접 관계, 역접 관계, 인과 관계 이 모든 것들을 다 포함한다. 순접이란 and, 즉 '그리고'의 관계, 역접이란 but, 즉 '그러나'의 관계, 인과란 because나 so 즉 '그러므로'의 관계를 뜻한다. 이런 관계에 있는 이 두 가지의 문장이나 어구를 나란히 늘어놓는 수사학적 방법이 바로 대구라는 얘기이다.

대구는 사실 우리의 정서 속에서 매우 익숙한 표현 방법이다. 민요나 한시와 같은 전통적인 문학작품에는 대구의 절묘한 표현들이 매우 많다. 밀양아리랑의 가사에는, "세상에 핀 꽃은 울긋불긋 / 내 맘에 핀 꽃은 울렁울렁" "아실아실 춥거들랑 내 품에 들고 / 비게 춥이 놀거들랑 내 팔을 비게" "물명주 단속곳은 널러야 좋고 / 홍당목 치마는 붉어야 좋다" 이런 대구적인 표현 방법들이 있다. 선인들의 에로틱한 감정이 잘 표현된, 재미있고 아름다운 가사이다.

한시는 대구의 보물창고이다. 남이(南怡)장군의 시 중에, "白頭山石 磨刀盡 豆滿江水 飮馬無(백두산의 돌은 칼을 갈아 다하고, 두만강의 물은 말을 먹어 다하네)"라는 표현이 있다. 열혈남아의 원대한 기상이 대구로 잘 표현되어 있다. 『춘향전』에서 이 도령이 변 사또의 생일잔치에 가서 읊은 다음 시도 잘 알려져 있다. "金樽美酒 千人血 玉盤佳肴 萬姓膏 燭淚落時 民淚落 歌聲高處 怨聲高(금술잔에 담긴 달콤한 술은 천 사람의 피요 / 옥쟁반에 가득한 좋은 안주는 만백성의 기름이라 / 촛농이 흐를 때 백성들 눈물 따라 흐르고 / 노랫소리 높은 곳에 원한 맺힌 목소리 드높도다)" 대구를 통해서 부패한 관리와 피폐한 백성들의 모습을 절묘하게 풍자하고 있다.

앞에서, 대구란 서로 대비되는 문장 또는 어구를 나란히 늘어놓는 것을 말한다고 했다. '나는 학교에서 공부하고 너는 집에서 잠잔다'라는 문장은 대구일까, 아닐까? 물론 대구이다. 이 문장은 '나'와 '너', '학교'

와 '집', '공부하다'와 '잠자다' 이런 어구들이 서로 대비되어 있는, 아주 일상적 대구의 표현방법이다. 그렇다면 '나는 학교에서 공부하고, 산 너머에서 먹구름이 몰려온다'라는 문장은 대구일까, 아닐까? 이것은 대구가 아니고 단순한 문장의 나열이라고 봐야 한다.

광고에서도 이러한 대구적 표현은 메시지를 재미있으면서도 강력하게 전달하는 절묘한 무기가 될 수 있다. 광고에서 대구적 표현방법은 다음과 같은 장점을 갖고 있다. 첫번째는 경쟁사와 대비되는 셀링 포인트(selling point), 즉 판매 소구점을 부각시킬 수 있다는 것이다. 경쟁사는 저런데 우리는 이렇다, 하는 식으로 차이를 분명하게 제시할 수 있다는 말이다. 두번째는 서로 반대되는 의미를 비교시킴으로써 문제의 핵심을 정확히 짚을 수가 있다는 것이다. '빨간색 / 파란색'과 같이 보색이 함께 있을 때 색깔이 더욱 돋보이듯이, 광고의 메시지도 마찬가지이다. 세번째는 이미 잘 알려진 의미나 개념에 의지해서 원하는 메시지를 전달할 수 있다는 것이다. 자기가 하는 말을 바로 전달하는 것보다 이미 잘 아는 얘기를 던져놓고서, 그것처럼 혹은 그것과 다르게 어떠어떠하다고 말하면 듣는 사람의 이해가 훨씬 쉽고 빠를 것이다. 이제, 대구의 유형과 그에 따른 다양한 사례를 통해서 이와 같은 장점들을 하나하나 살펴보자.

대구의 유형과 사례

1. But형

✓사례 1. 경쟁사와 대비된 셀링 포인트 표현
대구의 첫 번째 유형은 but, 즉 '그러나' 형이다. 앞의 문장과 뒤의 문장이 역접의 관계에 있는 형태이다. 이것은 이렇다, 하지만 저것은 저렇다하는 식이다. 이 but형의 특징은 경쟁사와 대비되는, 자신만의 셀링 포인트를 부각시킬 수 있다는 점이다.

먼저 뉴체어맨의 TV광고이다. 키 카피는 "십년을 생각하면 기술이지만, 백년을 생각하면 철학입니다"라고 되어있다. 경쟁 제품들은 십년 정도만 유효한 기술의 제품이지만, 뉴체어맨은 백년을 지속할 수 있는 철학이 담긴 차이다, 이런 메시지를 전달하고 있다. '10년'과 '100년', '기술'과 '철학' 이런 어구들이 서로 대조가 되면서 뉴체어맨의 새로운 브랜드 이미지를 만들어가려는 의도가 엿보인다.

다음은 검색 포털사이트인 엠파스의 신문광고 두 편이다. "야후에서도 못 찾으면 엠파스"가 공통의 슬로건이라는 사실을 기억하면서, 먼저 "야후는 단어로 빙글빙글, 엠파스는 문장으로 바로바로"라는 헤드라인의 광고를 보자. 엠파스는 야후를 검색 포털 사이트의 대표적인 브랜드로 보고, 대구를 통해 직접적으로 공격하고 있다. '야후'와 '엠파스', '단어'와 '문장', '빙글빙글'과 '바로바로', 이런 어구들이 대조가 되면서 엠파스의 경쟁적 우위점을 부각시키고 있는 광고이다. 또 하나의 엠파스 광고 헤드라인은, "더듬더듬 헤맬 것인가, 한눈에 찾아갈

▲ 뉴체어맨

◀ 엠파스

지는 IBM이 있으면
뜨는 컴팩도 있다.

그렇다고 자만하지 않겠습니다.
1등은 올라가기보다 지켜가기가 더
힘든 법이니까요.

싸고 좋은 컴팩, 그래서 세계 1위
COMPAQ.

▲ 컴팩

것인가"이다. '더듬더듬'과 '한눈', '헤맨다'와 '찾는다'는 어구
들이 대조가 되면서 야후가 갖추지 못한 엠파스의 장점을 돋보
이게 하고 있다.

다음은 컴팩이라는 컴퓨터 브랜드의 광고이다. "지는 IBM
이 있으면 뜨는 컴팩도 있다"라는 도발적인 헤드라인을 사용
하고 있다. '지는'과 '뜨는', 'IBM'과 '컴팩'이라는 어구들이 대
조가 되어 컴팩의 강한 자신감을 대변하고 있는 대구적 표현이
다. 야후가 포털 사이트의 대표적인 브랜드인 것처럼, 컴팩은
IBM이 컴퓨터의 대표적인 브랜드라고 생각했던 것이다. 그래
서 공격의 목표로 삼은 것이다. 시장의 1위 브랜드는 이처럼
다른 후발 브랜드들의 공략 대상이 되고 있으니 늘 불안하고 고독한 존
재인 듯하다.

✔사례 2. 상식을 이용하여 잊기 쉬운 사실 강조

다음은 but형의 두번째 사례로서 상식을 이용해 잊기 쉬운 사실을
환기시키는 대구적 유형의 사례들을 살펴보자. 우선 음주운전 방지 공
익광고를 보자. 전체의 진행이 실제와 거꾸로 구성되어 있는, 참 재미있
고 독특한 스토리 구성이다. 이 광고 아이디어의 발상은 아마도 일상어
의 관찰을 통해 이루어지지 않았을까 싶다. 만취상태에서 기억이 나지 않
을 때 우리는 흔히 '필름이 끊어졌다'는 말을 많이 한다. 따라서 술과 필름
은 알고 보면 우리 일상생활에서 아주 밀접한 관계에 있는 단어이다. 그런

음주운전 방지 공익광고 ▼

생활언어에서 유추해, 이 광고는 필름을 거꾸로 돌린다는 재밌는 아이
디어를 연출했다. 키 카피는 "필름은 되돌릴 수 있지만 생명은 되돌릴
수 없습니다(Film can be reversed, life cannot)"이다. '필름'과 '생명', '되돌
릴 수 있다'와 '되돌릴 수 없다', 이렇게 두 어구가 대비되면서 생명의
중요성을 환기시키고 음주운전의 위험을 경고하는 인상적인 광고이다.

다음은 KTF의 기업광고이다. 육군사관학교 여자 생도들의 당당한 모
습을 통해, 여성들의 도전 정신, 잘못된 금기나 고정관념의 벽을 허물겠
다는 진취적인 자세가 잘 나타나 있다. 그런 정신과 자세는 키 카피인
"차이는 인정한다, 차별엔 도전한다"에 담겨져 있다. '차이'와 '차별',
'인정한다'와 '도전한다'는 어구들을 대비시킴으로써 부당한 차별에 대
해서는 굴복하지 않겠다는 기상을 전달하고 있다. KTF는 젊은 세대들
의 그러한 정신과 자세를 자사의 이미지로 끌어오려 하고 있는 것이다.

▼ KTF

여기서 이런 질문을 한번쯤 해봄직 하다. KTF는 과연 현실에서, 여성
차별에 도전하기 위해 어떤 노력을 해왔는가? 구체적으로 KTF 내에서
여성 직원이나 여성 간부의 비율은 다른 회사에 비해 특별히 높은가?
신입사원 선발 시 여성에 대한 차별이 전혀 없는가? 이미지가 실재를
대체하거나, 이미지가 실재보다 더 실재 같은 현상을 장 보드리야르
(Baudrillard)는 '시뮬라시옹(simulation)'■이라고 규정한 바 있다. KTF 광고
가 시뮬라시옹이라는 측면에서 해석되지 않기를 바랄 뿐이다.

■ 프랑스의 사회학자, 장 보드리
야르가 정립한 개념으로서, 과
잉실재(hyper-reality)가 무한
히 재생되어 '참과 거짓', '실재'
와 '상상세계'의 구분이 사라지
게 된 현상을 말함. 보드리야르
는 이현상을 포스트모던 사회
의 가장 큰 특징으로 보고 있다.

▲ 실론티

▲ 프랜드

　　다음은 but형의 세번째 유형으로 소비자의 심리적인 접근을 보여주는 몇 가지 사례들을 보겠다. 먼저 실론티 광고인데, 키 카피가 "너는 바다를 꿈꾸고 나는 너를 꿈꾼다"라고 되어있다. 짝사랑의 심리를 대구를 통해 재미있게 전달하고 있다.

　　다음은 프랜드라는 브랜드의 초콜릿 광고이다. 키 카피는 "네가 가까이 다가오면 겁이나. 네가 멀리 가는 건 더 겁이나"이다. 아마도 두 사람은 지금 막 사랑을 시작한 연인 사이인 것 같다. 처음 사랑을 느끼기 시작할 때, 더 가까워지고 싶은 마음과 가까워지는 것이 두려운 마음이 공존하는, 그 미묘한 사랑의 감정이 대구적 표현으로 잘 전달되고 있는 듯하다. 그런 타깃의 정서가 브랜드의 이미지에 잘 어울리게 하려는 것이 이 광고의 의도였을 것이다.

　　유유산업의 비나폴로에프라는 영양제의 시리즈 광고 중 하나를 보자. 헤드라인은 "마음은 바캉스, 몸은 제자리"이다. 마음과 몸의 심리적인 대비를 표현하고 있다. 비주얼을 보면 사람이 서 있고 사람의 내면이 마치 그림자처럼 표현돼 있다. 마음과 몸의 어긋남, 마음과 같이 몸이 따라주지 않는 상태를 말해주고 있다. 이 시리즈에는 이 광고 말고도 "마음은 트위스트, 몸은 블루스", "마음은 월척, 몸은 피라미"와 같은 헤드라인의 광고들이 있었다. 모두 몸이 마음 같이 움직이지 않는 중년 남성의 심리를 표현하고 있다.

비나폴로에프 ▶

인간의 심리를 대구적으로 표현한 광고 몇 편을 보았다. 이 광고들의 단점은 그러한 심리를 제품 혹은 브랜드로 연결시키는 힘이 약하다는 것이다.

2. Or형

or형은 글자 그대로 'A인가 또는 B인가'의 형태로 표현된다. 대체로 앞의 부분, 즉 A부분에서는 잘못된 생각이나 결과를 표현하는데, 주로 경쟁 제품과 관련된 내용을 담는다. 뒷부분, 즉 B에는 올바른 생각이나 결과를 표현하는데, 대체로 자사 제품과 관련된 내용을 담게 된다.

그 첫번째 사례로서 프로스펙스 광고를 살펴보겠다. 이른바 '애국심 마케팅'**[*]** 광고에 해당한다. 키 카피는 "정복당할 것인가, 정복할 것인가"라고 되어 있다. 외국의 스포츠 브랜드대신 우리 제품을 사용하자, 그렇지 않으면 우리는 정복당할 것이다, 옛날 일제시대를 잊었느냐, 이런 내용을 위협적으로 전달하고 있다.

■ 외국 제품과의 경쟁구도 속에서 소비자의 애국심에 호소하는 마케팅기법을 말한다. 우리나라의 경우 IMF 직후 현대증권의 "Buy Korea", 815콜라 "독립콜라" 등이 그 대표적인 사례이다.

▼ 프로스펙스

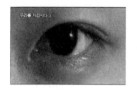

다음은 센추리에어컨의 신문광고이다. "세균 키우는 에어컨을 사시겠습니까? 세균 잡는 에어컨을 사시겠습니까?"라는 헤드라인이 보인다. 누구라도 당연히 세균 키우는 에어컨보다 세균 잡는 에어컨을 선택할 것이다. 어찌 보면 당연한 질문을 던짐으로써, 경쟁 제품은 세균을 키우고 있고 자사 제품은 세균을 잡는 기능까지 갖춘 에어컨이라는 사실을 전달하고 있

▲ 센추리에어컨

▲ 삼화페인트

다. "아기가 있다면 에어컨은 센추리"라는 카피로 세균 잡는 에어컨이 왜 필요한지 설득하고 있다.

다음은 "잠수하시겠습니까? 방수하시겠습니까?"라는 헤드라인의 삼화페인트 광고이다. '잠수'와 '방수'의 대구적 표현이 '-수'의 각운(脚韻)에 따라 어우러져 있다. 천정에서 새는 물을 막느라 아주 힘들어하는 모델의 모습이 보인다. 당연히 그 비주얼처럼 '잠수'하고 싶은 사람은 없을 것이다. 절대로 선택할 수 없는 경우를 던져준 다음, '방수' 기능의 페인트 제품으로 천정에 물이 새지 않도록 하라는 메시지를 전달하고 있는 것이다.

3. Like형

대구의 세번째 유형으로 like형을 살펴보겠습니다. like는 '~같이'라는 뜻이다. 이 형태는 잘 알려진 사실을 말한 다음에 자사 제품이 그러한 사실과 같다는 내용으로 구성된다. 그 첫번째 사례로, OB맥주 광고의 오래된 TV광고 두 편을 소개하겠다. 각각 1970년대와 1980년대를 대표하는 OB맥주의 브랜드 이미지 광고이다.

첫번째 광고의 슬로건은 "친구는 역시 옛 친구, 맥주는 역시 OB"이다. '친구'와 '맥주', '옛 친구'와 'OB'가 대비되어 있다. 여기서 궁극적으로 전달하고자 하는 메시지는 '맥주는 역시 OB'이다. 그것을 얘기하기 위해 '친구는 역시 옛 친구'라는, 누구나 공감할 수 있는 사실을 먼저 던져놓은 것이다. 친구는 옛 친구가 좋은 것처럼, 맥주도 오랫동안 함께 해온 OB가 좋다며 공감을 자연스럽게 유도하고 있다.

이 카피에는 기억할 만한 배경이 있다. 이 광고가 나올 당시에 '이젠벡'

◀ 오비맥주(1970, 1980년대)

이라는 독일산 수입 맥주가 우리나라에서 마케팅 활동을 대대적으로 펼친 적이 있다. 그때 이젠벡의 슬로건은 "맥주는 이젠 이젠벡"이였다. 'from now on'이라는 뜻의 '이젠'과 브랜드 네임인 이젠벡의 첫 두 음절 '이젠'이 펀(pun)을 이루며, 당시 우리나라 맥주시장을 석권했던 OB맥주를 강하게 압박해왔다. 그래서 오랫동안 여러분과 함께한 OB맥주가 역시 좋다는 컨셉트를 담은 "친구는 역시 옛 친구, 맥주는 역시 OB"라는 슬로건이 등장했던 것이다.

OB맥주의 1980년대 슬로건인 "사람들이 좋다. OB가 좋다" 역시 like형의 대구적 표현이다. 사람들이 좋다는 것은 누구도 부정할 수 없는 명제일 것이다. 그것과 같이(like) OB도 좋은 것이라고 말하고 있는 것이다. OB가 좋다고만 달랑 말해버리면 그냥 흘려버릴 텐데, 사람들이 좋은 것처럼 OB도 좋다고 말을 하니 OB의 좋음이 감성적으로 더 설득력 있게 다가온다.

다음은 세진 컴퓨터랜드의 기업광고이다. "세종대왕은 문맹 없는 나라를 만드셨습니다. 세진은 컴맹 없는 나라를 만들겠습니다"는 키 카피를 살펴보자. '세종'과 '세진', '컴맹'과 '문맹'이 각각 두운과 각운의 펀을 만들며 like형의 대구를 형성하고 있다. 세종대왕이 문맹 없는 나라를 만들기 위해 한글을 창제했다는 것은 누구도 부정할 수 없는 사실이다. 그것과 같이 세진은 컴맹 없는 나라를 만들겠다는 의지를 전달하고 있다.

"사랑은 시대를 초월하고, 트래드클럽은 유행을 초월한다"라는 키 카

▼ 세진 컴퓨터랜드

피의 트래드클럽 이미지 광고가 있었다. 트래드클럽이 '유행을 초월한다'는 것이 이 광고가 전달하려는 궁극적 메시지이겠지만, 그것은 의지의 영역일 것이다. 따라서 그렇게만 말하면 일방적인 외침이 될 수 있는 것이다. 그러므로 '사랑은 시대를 초월한다'는, 충분히 공감이 가는 명제를 먼저 말한 다음, 트래드클럽의 유행 초월 의지가 그것과 같다고 바로 말함으로써 원하는 메시지를 무리 없이 전달했다.

다음은 엑소데릴이라는 무좀약 광고이다. 신문의 돌출 광고로 시리즈로 나갔다. 헤드라인은 "남의 허물은 사랑으로 덮어주고 내 발의 허물은 엑소데일로 없애준다" 등이다. 여기서 남의 허물과 내 발의 허물, 사랑과 엑소데릴식으로 대조를 이루면서 제품의 장점을 설명하고 있다. 전체적으로 보면 무좀의 증세를 허물, 가려움, 쓰리고 아픔, 갈라짐, 물집, 이런 것들로 나눠서 무좀에는 엑소데릴이 좋다는 것을 하나의 상식으로 전달하고 있는 광고이다. 그런데 이 광고의 한계는 앞에 전달한 내용과 뒤에 전달한 내용이 서로 긴밀하지 못하다는 것이다. 긴밀하지 못하다면 오랫동안 기억될 수 있는 메시지가 되기 어렵다. 두 문장의 긴밀성 문제는 이 광고만이 아니라 모든 대구적 광고표현의 과제이다.

엑소데릴 ▶

광고의 레토릭

▲ 헌트

다음은 헌트라는 중저가 캐주얼 브랜드의 광고 시리즈 중 세 편이다. 첫번째 광고의 헤드라인은 "헤밍웨이가 입었다. 헤밍웨이 독자들이 입는다"이다. 헤밍웨이가 입었던 재킷을 설명하면서 헤밍웨이가 입었듯이 헤밍웨이의 독자인 많은 대중들이 입을 것이다, 이런 바람을 전달하고 있다. 다음 두 편 광고의 헤드라인은 각각 "미지의 대륙을 발견한 옷, 미지의 매력을 발견하는 옷"과 "휴가 7일 전엔 갈 곳을 정하세요 휴가 2일 전엔 헌트에 들르세요"이다. 두 광고 모두, 앞의 내용은 당연한 역사적인 사실이나 부정할 수 없는 상식을 전달하고 뒤의 내용은 그것을 받아서 제품의 셀링 포인트를 제시하고 있는 대구적 형태로 구성되어 있다.

다음은 LG그룹이 CI를 바꾸면서 집행했던 이미지 광고이다. "어제의 얼굴 / 미래의 얼굴"이라는 헤드라인이 보인다. 어제의 얼굴에는 우리의 전통적인 막새기와에 있는 웃는 얼굴 나와 있고, 미래의 얼굴엔 LG의 로고가 보인다. 막새기와에 찍힌 얼굴이 우리의 역사를 대변하는 얼굴이듯이 미래의 얼굴은 LG의 심벌이 될 것이라는 얘기이겠지만 어디까지나 희망사항이겠다.

▲ LG

4. 기타

▲ 고려대학교

✓사례 1. And형

다음은 and형의 두 가지 신문광고이다. 먼저 고려대학교의 광고를 보자. "저희가 먼저 매를 맞겠습니다. 저희가 먼저 매를 들겠습니다"라는 헤드라인의 느낌이 비장하기까지 하다. 이 광고가 나왔던 즈음에 우리 사회에는 여러 가지 비인간적, 반인륜적 범죄들이 발생했던 것으로 기억된다. 그래서 고려대학교는 "저희가 먼저 매를 맞겠습니다"라는 표현을 통해서 그런 사건들에 대해 명문대학으로서 반성하는 자세를 먼저 말한 다음, "저희가 먼저 매를 들겠습니다"라는 표현을 통해 학생들을 엄격하게 교육시켜 도덕적으로 완성된 인격을 갖춘 사람들을 내보내겠다는 의지를 전달하고 있다. 이 광고의 카피 형태는 분명히 대구이다. 하지만 지금까지 살펴본 형태와 같이 두 어구의 결합방식이 but도 or도 like도 아니다. 두 어구가 병렬로 나열되어 있으면서 의미의 무게 중심이 두 가지 문장 모두에 담겨 있는 형태의 대구적인 표현이므로 and형이라고 말하는 것이다.

다음은 또 하나의 트래드클럽 광고이다. 여기서 헤드라인은 대구가 아니지만, 브랜드슬로건인 "막 사 입어도 일년 된 듯한 옷, 10년이 지나도 일년 된 듯한 옷"이 바로 and형의 대구적 표현이다. "막 사 입어도 일년 된 듯한 옷"이라는 카피는 생경하거나 어색하지 않고 살 때부터 친근함을 주는 옷이다, 하는 내용이겠다. "10년이 지나도 일년 된 듯한 옷"이라는 카피는 오래 지나도 변하지 않고 늘 친근하고 익숙하다는 내용을 담고 있을 것이다. 강조점이 두 문장 모두에 있기 때문에 and형의 대구적 표현이다.

▼ 트래드클럽

✓사례 2. Because형

대구의 마지막 형태는 because형이다. 그 사례로 두 가지 광고의 헤드라인을 소개하겠다. 첫번째는 판실이라는 악취제거제 광고의 헤드라인은 "판실이 이사 오는 날, 냄새는 이사 갔습니다"였다. '판실'과 '냄새', '이사 오다'와 '이사 가다'가 대조를 이루며 대구적 표현을 만들어내고 있다. 의미적으로 따져보면, 판실을 샀기 때문에 냄새는 사라졌다는 뜻이다. 두 문장이 '~때문에'라는 의미적 연결관계를 보이기 때문에 because형이라고 말하는 것이다. 무생물이 마치 사람인 듯이 표현되었으므로 앞에서 살펴본 '의인화하기'에도 해당되는 광고이다.

어느 술 광고의 헤드라인은 "술자리를 가릴 수 없다면, 술이라도 가려 드세요"였다. '술자리'와 '술', '가릴 수 없다'와 '가린다', 이런 어구의 대비를 통해 몸에 좋은 술이라는 제품의 특장점을 전달하고 있다. 술자리를 가릴 수 없기 때문에 술이라도 가려야한다는 의미일 것이므로 because형에 해당되는 대구적인 표현이다.

지금까지 대구의 수사적 기법에 대해서 살펴보았다. 대구란 서로 대비되는 문장이나 어구를 나란히 놓는 것으로, 광고표현 시 많은 장점이 있다는 사실을 다양한 유형과 사례를 통해 확인해보았다. 이미 잘 알려졌거나 쉽게 공감이 가는 의미, 개념에 의지하여 원하는 메시지를 강력하게 전달할 수 있다는 점, 경쟁사보다 우월한 셀링 포인트, 즉 판매 소구점을 부각시킬 수 있다는 점 등은 아직도 광고인들이 대구적 표현을 즐겨 찾는 이유이자 매력으로 작용하고 있다.

하지만 겉으로 보이는 표현만 신경 쓰다가 자칫 말장난에 그칠 수도 있다. 그렇게 되지 않기 위해서는 자사 제품과 경쟁 제품에 대한 면밀한 비교분석, 목표 청중의 심리나 구매행태에 대한 세밀한 이해 등이 선행되어야 한다는 점을 기억해야 할 것이다.

04 안 사면 다쳐!
위협하기

위협하기의 개념과 효과

■ 다큐멘터리 영화감독인 마이
클 무어(Michael Moore)의 작
품으로 2004년 칸영화제 황금
종려상을 수상했다. 9·11테러
의 배후 인물인 오사마 빈 라덴
과 부시가문과의 유착관계를
밝히는 것이 주된 내용이다.

우리나라에서도 상영된 마이클 무어 감독의 <화씨 9/11>▪을 보면,
부시 정권이 국가안보를 핑계로 미국 국민들을 끊임없이 위협해왔음을
폭로하고 있다. 그 상황이 우리나라 유신시대나 5, 6공 때와 어찌나 비
슷한지 실소를 금치 못하게 된다. 부시 정권이 그런 근거 없는 위협을
통해 얻으려는 건 무엇이었을까? 그것은 정권의 유지와 함께, 메이저
무기상과 석유회사의 금고를 채워주는 일이 아닐까 하고 이 영화는 강
하게 의심하고 있다. 물론 아직 입증되지 않은 사실이지만, 어쨌든 이
영화가 위협하기의 위력을 보여주고 있다는 점은 분명하다.

광고에서도 위협하기는 판매 효과나 브랜드 기억 효과를 극대화하기
위해 즐겨 쓰이는 수사적 방법이다. 광고에서 위협하기란 '공포나 불안,
수치심이나 동정 등의 내용을 제시함으로써 소비자를 설득하여 구매를
유도하거나 메시지 수용을 촉구하는 일'을 말한다. 최악의 가능성을 암
시함으로써, 그 제품을 사용하지 않았을 때의 위험과 불안에서 해방되

기 위해서는 그 제품을 사야 한다, 하는 식의 표현방법이다. 대체로 '이 제품을 안 사면 재미없어, 좀 힘들어질 거야' 하는 식으로 겁을 주거나, '나 제발 좀 도와줘, 죽게 생겼어' 하는 식으로 동정을 구하거나, '뭐, 아직도 그렇게 살아? 창피한 줄도 모르고' 하는 식으로 수치심을 느끼게 하는 형태로 표현된다.

위협하기는 광고이론에서 흔히 '위협적 소구(fear appeal)'라고 불리는 것인데, 사실 적잖은 위험 부담이 있는 방법이다. 의도와는 달리 제품이나 메시지를 부정적으로 보이게 할 수 있기 때문이다. 하지만 의도가 잘 관철되기만 하면 아주 효과적이고 힘 있는 표현방법이 될 수 있다. 부정적 접근, 즉 '네거티브 어프로치(negative approach)'는 위협하기와 조금 구분되어야 한다. 일반적으로 네거티브 어프로치란 자사 제품의 장점을 알리기보다는 경쟁 제품의 약점을 공격하는 표현방법이다. 따라서 앞으로 살펴보겠지만, 위협하기 중 겁주기의 표현방법 속에 네거티브 어프로치도 포함되어 있다고 이해하면 좋겠다.

광고에서 위협하기에는 어떤 장점이 있을까? 경쟁 제품과의 상대적 우위점, 즉 경쟁 제품과의 차별점을 극대화해서 부각시킬 수 있다는 것이 가장 눈에 띄는 장점이다. 즉 여러 가지 특징 중에서 하나의 특출한 점을 돋보이게 할 수 있다는 것이다.

위협하기의 유형과 사례

위협하기에는 세 가지 유형이 있다. 첫번째는 '겁주기'라는 유형이다. 이것은 어떤 극단적인 경우를 보여줌으로써 제품 사용이나 메시지 수용을 권유하는 방법이다. 위협하기의 가장 전형적인 유형이다. 두번째는 '수치심 유발하기'이다. 이것은 이 제품을 사지 않으면 창피한 일을 당할 수도 있다는 사실을 보여줌으로써 광고가 원하는 행동을 유발시키고자 하는 유형이다. 세번째는 '동정심 유발하기'이다. 이것은 어려운 처지에 있는 대상이나 상황을 알려주고, 동정심을 자극함으로써 행동을 유발하고자 하는 유형이다. 이제, 각 유형에는 어떤 사례들이 있는지 하나하나 살펴보겠다.

1. 겁주기

✓사례 1. 광고의 고전 구강청정제 리스터라인, 남극 탐험대 모집광고

먼저, 고전에 해당하는 광고 두 편을 살펴보겠다. 첫번째 볼 것은 리스터라인이라는 구강청정제 광고이다. 이 광고는 1920년대 미국에서 집행된 광고인데, 지금까지도 광고의 고전적 명작으로 남아 있다. 별로 좋지 않은 표정을 한 젊은 여성이 서있는 비주얼과 함께, "가끔 들러리는 되지만 결코 신부는 되지 못합니다(often a bridesmaid but never a bride)"라

▼ 리스터라인

는 헤드라인, 그리고 바디카피로 구성되어 있다. 입 냄새 때문에 남의 결혼식에서 들러리나 서주고 정작 자신은 결혼을 못하는, 안타까운 여인의 이야기가 바디카피를 통해서 전달되고 있다. 곧 입 냄새가 심하면 결혼을 못할 수도 있다며 소비자에게 협박에 가까운 겁을 주고 있다. 결혼을 하려면 입 냄새를 없애야 하고, 그러려면 '리스터라인'이라는 구강청정제를 사용해야 한다는 메시지를 전달하고 있는 광고이다.

다음은 지금부터 100여 년 전인 1900년에 영국에서 집행되었던 남극 탐험대의 광고이다. 지금 개념으로 말하면 신문의 돌출광고이다. 헤드라인은 'man wanted', 즉 '남자(혹은 사람) 구함'이라고 되어있다. 바디카피의 내용은 다음과 같다. "모험 여행을 떠날 남자 구함. 적은

MEN WANTED for Hazardous Journey. Small wages, bitter cold, long months of complete darkness, constant danger, safe return doubtful. Honor and recognition in case of success — Ernest Shackleton.

보수, 혹한, 몇 달간의 칠흑 같은 어둠뿐. 끊임없는 위협, 무사 귀환은 의심스러움. 성공할 경우에는 영예와 명성" 카피 아래에는 어니스트 샤클턴이라는 광고주의 이름이 보인다.

　모든 남성 아니 모든 인간 심리 저 깊은 밑바탕에 있는 모험 정신을 부추기는 한편, 성공할 경우 엄청난 돈과 명예가 따를 것이라는 보상도 제시하고 있다. 겁을 주되 남자라면 한번쯤 경험하고 싶은 내용으로 겁을 주고 있는, 독특한 형태의 '겁주기' 광고이다.

✓사례 2. 산불예방과 환경보호 공익광고
　다음에는 산불예방 그리고 환경보호의 공익광고를 한편씩 보자. 환경보호의 공익광고는 잠깐의 실수가 회복되기 위해서는 오랜 기간이 필요하다는 내용을 전달함으로써, 산불예방과 환경보호의 중요성을 강조하고 있는 광고이다. 그런 내용들이 "그들을 다시 보려면 50년을 기다려야 합니다"는 키 카피로 정리되어 있다. 산불예방의 공익광고는 작은 실수로 엄청난 불행이 올 수도 있다는 것을 경고하는 메시지를 전달하고 있다. 그런 내용들이 "산불, 당신의 손끝에서 시작된다"라는 키 카피로 요약되어 있다.

　이 광고들은 모두 화재의 피해를 생생하게 보여줌으로써, 불조심을 하지 않으면 우리 생명의 원천인 산이 모두 불탈 수도 있고 여러 가지 희귀 동물들이 모두 몰살될 수도 있다, 그러니까 불조심을 해서 환경도

산불예방 공익광고 ▶

환경보호 공익광고 ▶

보호하고 자연도 지키자 하는 내용을 전달하고 있는 '겁주기'의 전형적인 광고들이다.

✓사례 3. 신용관리와 마약추방, 금연의 공익광고

다음은 신용관리와 마약추방, 금연의 공익광고 세 편을 보자. 이 광고들은 죽음이라는 극단적인 예를 들어 역으로 긍정적인 행동을 유발하고자 하는 광고들이다.

먼저 신용관리의 공익광고이다. 신용카드가 여러 가지 사회적인 문제를 낳고 있다. 이 광고는 카드를 무분별하게 사용하면 그것은 곧 스스로의 생명을 단축시키는 행위라는 메시지를 전달하고 있다. 신용불량이라는 헤어날 수 없는 늪에 빠져드는 영상과 "신용이 사라지면 당신도 사라집니다"라는 키 카피가 그 사실을 상징하고 있다.

우리가 일상적으로 흔히 "제 무덤을 판다" 그런 표현을 한다. 마약추방의 공익광고는 그 말을 상징적인 영상으로 구성하여 "마약, 한번 빠지면 헤어나기 힘든 파멸의 미끼이다"는 키 워드와 함께 마약의 위험성을 경고하고 있다. 마약을 복용하는 행위는 모르는 사이에 제 무덤을 파고 있는 치명적인 행위라는 사실을 알려주는 겁주기 광고이다.

금연의 공익광고는 마지막의 절묘한 반전이 아주 인상적인 광고이다. 담배가 빈소의 향으로 바뀌고 담배 피는 사람의 얼굴이 영정으로 바뀌

◀ 신용관리 공익광고

◀ 마약추방 공익광고

◀금연 공익광고

는 반전을 통해서 금연의 당위성을 전달하고 있다. "마침내 그는 끊었다, 담배대신 생명을"이 바로 이 광고의 키 카피인데, "끊었다" 가 갖고 있는 이중적 의미를 활용해서 흡연의 위험에 대해 재미있고 인상적으로 겁을 주고 있다.

　✓사례 4. 물먹는 하마, 팡이제로 옥시크린

　다음은 물먹는 하마, 팡이 제로, 옥시크린, 세 편의 인쇄광고를 살펴보겠다. 이 광고들은 모두 장마철이나 황사철에 집행되었던 시의성이 있는 광고 캠페인의 사례이다. 장마철에는 물로 인한 습기나 곰팡이가, 황사철에는 황사로 인한 불결함과 비위생성이 문제가 될 수 있다. 이 광고들은 그런 문제가 생기면 어떤 피해가 있을 것인지 겁을 주고, 자사 제품을 구입하여 그 피해를 막으라는 메시지를 전달하고 있다.

　물먹는 하마 광고는 "장마철 습기 피해 대책 마련 시급"이라는, 마치 신문의 스트레이트 기사 헤드라인처럼 뉴스를 전하고 있는 형태이다. 장마철 습기 대책의 중요성을 강조하고, 제대로 대비하지 않으면 엄청난 일이 벌어질 수도 있음을 전하는 겁주기의 광고이다.

물먹는 하마, 팡이제로 ▶

▼ 옥시크린

그 다음은 팡이제로 광고이다. "수마가 할퀴고 간 자리, 수인성 전염세균, 곰팡이 초비상"이라는 이 광고의 헤드라인 역시 물먹는 하마 광고의 헤드라인처럼 뉴스성 헤드라인을 사용하고 있다. 장마 때문에 세균이 엄청나게 퍼지고 있다, 이렇게 겁을 주고 나서 팡이제로를 통해서 대책을 세워야 한다는 내용을 전달하고 있다.

옥시크린 광고의 헤드라인은 "지금 당신은 황사를 입고 있다"이다. 매년 3,4월이면 우리나라에 황사가 몰아닥치지만, 황사 때문에 우리 몸에 여러 가지 피해가 생긴다는 사실을 자칫 잊을 수도 있다. 이 광고는 지금 당신의 옷 속에, 몸속에 황사가 꽉 차 있다며 겁을 주면서 옥시크린으로 옷을 빨아야 황사의 피해로부터 벗어날 수 있다는 내용을 전달하고 있다.

✓사례 5. 컴배트의 '보이지 않는 바퀴' 편

다음은 컴배트의 TV광고를 보자. 이 광고는 숨어있는 바퀴의 피해에 대해서 겁을 주고 있는 광고이다. 시청자들로 하여금 아무도 안 보이는

◀ 컴배트

장소에 나타나는 바퀴벌레를 보여줌으로써 엿보기의 재미도 느끼게 해주고 있다. "보이지 않는다고 정말 바퀴가 없을까요?"라는 키 카피를 통해서 보이지 않는다고 안심하는 순간에도 바퀴들은 나타난다, 그러니까 컴배트로 해결하라는 메시지를 담고 있다.

✓사례 6. 물먹는 하마와 음식쓰레기 줄이기의 공익광고

다음은 물먹는 하마와 음식쓰레기 줄이기의 공익광고이다. 이 두 가지 광고는 모두 피해의 정도를 돈이라는 매개물을 통해서 구체적이고 가시적으로 전달하고 있는 광고이다. 먼저 물먹는 하마 광고를 보자. "신발 수선 만원 손해"라는 비주얼 카피와 함께 "습기가 차면 돈이 날아갑니다"는 헤드라인이 보이다. 습기가 차면 피해가 생긴다는 추상적인 겁주기에서 더 나아가, 피해의 정도를 돈의 구체적인 액수로 제시하고 있다는 게 특징이다. 막연하고 추상적인 겁이 아니라 구체적인 겁을 주고 있다는 말이다. "드라이클리닝 1만 4천원 손해"라는 비주얼카피의 광고도 마찬가지이다.

다음은 음식쓰레기 줄이기 공익광고이다. "돈이라면 남기시겠습니까?"라는 헤드라인과 잘 어울리고 있는 비주얼을 보면, 뚝배기 안에 있는 것이 음식찌꺼기가 아니라 지폐와 동전이다. 음식의 찌꺼기를 돈으로 환산해서 가시적으로 보여주고 있는 것이다. 음식 찌꺼기를 많이 남기는 사람도 그것이 돈이라는 사실을 잘 실감하지 못한다. 이 광고는 사람들이 남기는 음식찌꺼기는 다름 아닌 돈이다, 구체적으로 우리의

지갑 속에 있는 바로 그 돈이라는 사실을 생생하게 보여주고 있다. 이런 방식의 위협을 통해서 음식 쓰레기를 줄이자는 메시지를 수용할 수 있도록 설득하고 있는 광고이다.

✓사례 7. 애국심 또는 역사의식 자극

다음은 애국심 혹은 역사의식을 자극하는 세 편의 광고를 보자. 나라를 사랑하기 위해, 역사 앞에 떳떳한 사람이 되기 위해서는 이렇게 해야 한다, 이렇게 하지 않는 것은 나라를 팔아먹는 일이다, 심할 경우 다른 나라로부터 침략받을 수도 있고 역사의 죄인이 될 수도 있다는 식의 겁 주기를 통해서 원하는 메시지를 수용할 수 있도록 설득하고 있는 광고들이다.

먼저 프로스펙스의 학도병 편이다. "광복했소?"라는 의문형 헤드라인과 함께, 외국 상품을 사면 경제적인 식민지로 전락할 수도 있다는 내용의 바디카피가 정리되어 있다. 비주얼은 일제 시대의 학도병의 모습을 보여주고 있다. 이 광고는 지금 우리가 일제로부터 해방된 지 50년이 되었지만 경제적으로 식민지일지도 모른다, 진정한 광복은 이루어지지 않았는지도 모른다, 그러니까 국산 제품을 구매함으로써 진정한 경제적인

주권국가가 되어야 한다는 메시지를 전달하고 있다. 이른바 '애국심 마케팅' 광고로서, 프로스펙스가 순수한 우리나라 브랜드이기 때문에 가능한 접근 방법이다.

　다음은 역시 프로스펙스 광고로, 독도를 소재로 한 기업광고이다. 독도의 원경 사진과 함께 "그 욕심, 조그만 바위섬 하나에 그치겠습니까?"라는 헤드라인이 눈에 띈다. 일본은 툭하면 독도가 자기네 땅이라고 주장하고, 그러면 우리나라에서 반대집회를 열고, 일본은 수그러들고, 그러다 잊혀질 만하면 일본이 다시 독도 영유권 문제를 거론하고, 이런 식으로 반복되어온 것이 지금까지의 사정이었다. 이 광고는 일본이 궁극적으로 주장하고 싶어 하는 것은 독도가 아니라 어쩌면 한반도의 경제식민지화인지도 모른다는 경고를 보내고 있다. 경제적인 주권을 유지하려면 프로스펙스 같은 우리 제품을 사용해야 한다는 메시지를 전달하고 있는 겁주기 광고이다.

　다음은 ≪한겨레신문≫의 창간모금 광고이다. ≪한겨레신문≫은 다

아시는 것처럼 국민들이 주주로 참여해서 만들어진 신문이다. 이 광고는 1980년대 후반 창간 무렵 국민주 모금이 한창 진행되고 있을 때 나왔던 광고이다. 헤드라인은 "그 어렵던 시절에 아빠는 무얼 하였는가? 뒷날 우리의 자식들이 묻습니다"이고 비주얼은 주주로 참여한 국민들의 명단이다.

친일파 문제 특별법 제정 때문에 국회가 시끄러웠던 적도 있었지만, 부모라면 누구나 자식들에게 역사 앞에서 부끄럽지 않은 사람이었노라고 당당하게 말하고 싶어 할 것이다. 이 광고는 그런 부모된 심정을 건드리고 있다. ≪한겨레신문≫을 후원하는 일이 곧 민주화의 역사에 참여하는 일임을 이 광고는 강조하고 있다. 뒤집어 말하면 ≪한겨레신문≫을 후원하지 않으면 역사 앞에서 당당한 부모가 될 수 없다, 이런 식으로 겁을 주고 있는 것이다. 이런 겁주기가 통해서였는지, ≪한겨레신문≫은 국민주 모금을 성공적으로 마치고 지금 진보 언론으로 당당히 자리 잡고 있다.

✓ 사례 8. 닥터모의 탈모예방 캠페인

　다음은 닥터모의 탈모예방 캠페인입니다. 처음 광고의 헤드라인은
"빠진 머리 20% 남은 머리 80%, 어느 것이 소중할까요?"이고 두 번째
는 "있는 머리카락부터 지키자"입니다. 겁을 살짝 주면서, 탈모 때문에
스트레스 받고 있는 사람들의 고민을 예리하게 짚어내고 있습니다.

2. 수치심 유발하기

✓사례 1. 준법질서와 깨끗한 사회의 공익광고

다음은 위협하기의 두번째 유형으로서 '수치심 유발하기'의 사례들을 보자. 앞에서도 말했지만, 이 유형의 광고는 잘못하면 창피한 일을 당할 수도 있다는 내용을 보여줌으로써 수치심을 유발시켜, 원하는 행동을 하도록 하거나 원하는 메시지를 수용하도록 하는 내용으로 구성되어 있다.

준법질서 공익광고 ▶

첫번째는 준법질서에 관한 공익광고이다. 우리가 준법질서를 지켜야 하는 이유는 여러 가지가 있겠지만, 그 중 하나는 남의 눈이 무서워서일 것이다. 이 준법질서 공익광고가 바로 "남의 눈"을 통해 수치심을 유발하고 있는 광고이다. 남의 눈이 무서워서라도 법을 지켜야 한다는 메시지를 전달하고 있는 것이다. "부끄러우세요? 질서는 바로 당신의 얼굴이다"라는 키 카피를 통해서 지금 말씀드린 그런 내용을 설득시키고 있다.

깨끗한 사회 공익광고 ▶

다음은 깨끗한 사회의 공익광고이다. 부정부패의 척결은 우리사회에서 가장 중요한 과제 중 하나일 것이다. 이 광고는 부정부패를 막기 위해서는 부정한 거래, 부정한 돈을 받지 말아야 한다는 내용을 전달하고 있다. "쉬운 일은 아닙니다. 그러나 할 수 있다"라는 카피를 통해서 부끄러운 일을 하지 말기를 촉구하고 있다.

✓사례 2. 룰루비데

룰루비데 광고이다. 룰루비데는 비데 시장의 리딩 브랜드이다. 아직 비데의 사용이 일반화되어있지 않은 실정에서, 이 광고는 비데 시장 전체의 파이를 키우고자 하는 의도를 담고 있다. 광고를 보면, "아직도 닦으시나? 닦지 말고 씻자!"라는 카피가 비데 비사용자들을 은근히 '쪽 팔리게' 하고 있다. 아직도 화장지를 사용하는 사람들에게 수치심을 유발시킴으로써 비데의 사용을 권장하는 광고이다.

◀ 룰루비데

3. 동정심 유발하기

다음은 위협하기의 세번째 유형으로 '동정심 유발하기'를 살펴보자.

✓사례 1. 경동보일러의 효심편

먼저 경동보일러의 '효심편'을 보자. 지금이야 시골에서도 연탄을 때는 집은 거의 없을 것이다. 하지만 이 광고가 집행됐던 1980년대 후반만 해도 시골에서 연탄 난방은 흔히 볼 수 있는 일이었다. 이 광고는 당신들은 연탄 난방으로 불편하게 살면서도, 오히려 자식들을 걱정하는 부모의 마음을 사실적인 영상을 통해 보여주고 있다. 그런 생생한 표현을

▲ 경동가스보일러

통해 도회지에 사는, 아마도 시골에 노부모를 두었을 중년 부부들의 효심을 자극하게 되는 것이다. 즉 이 광고는 시골에서 고생하며 사는 노부모의 모습을 보여줌으로써 동정심을 유발하고, 그를 통해 제품 구매를 권하는 메시지를 담고 있는 광고이다.

✓사례 2. 트윈엑스의 Help Africa 캠페인

다음은 트윈엑스의 'Help Africa 캠페인'이다. 기아에 허덕이는 소말리아 난민의 생생한 모습을 감동적으로 보여주고 있다. 웬만한 사람이면 가슴이 찡해오고 눈시울도 붉어지게 만드는 힘이 있다. 기아에 허덕이는 소말리아 어린이들의 모습을 생생하게 보여줌으로써 동정심을 유발하고, Help Africa 캠페인에 동참하기를 청하고 있는 광고이다. 신문광고는 TV광고의 변형(variation)이다. "무관심을 벗자, 사랑을 입자"는 카피를 통해 역시 동정심을 유발하고, 소말리아 난민 어린이 돕기에 동참을 유도하고 있다.

▲ 트윈엑스의 Help Africa 캠페인

✓사례 3. 농협의 우리농산물 애용 캠페인

세계화가 추진되고 무역 장벽이 없어짐으로써 가장 큰 피해를 본 계층이 있다면 아마도 농민들일 것이다. 농협의 우리농산물 애용 캠페인중하나인 이 광고는 농산물 개방을 앞두고 좌절에 빠진 우리 농민의 모습을 생생하게 보여주고 있다. 그를 통해서 동정심을 유발하고 결과적으로 우리 농산물을 애용해야 한다는 메시지를 전달하고 있는 광고이다.

4. 정치광고에서 위협하기 표현

위협하기가 가장 많이 사용되는 광고 영역은 아마도 정치광고일 것이다. 지난 2002년 대통령 선거 때를 기억해보기 바란다. 노무현 캠프와 이회창 캠프 사이에서 치열한 광고전이 벌어졌는데, 두 캠프 모두 위협하기의 표현방법을 많이 사용했다. 그런데 재미있는 사실은, 노무현 캠프에서는 위협하기 중에서도 '동정심 유발하기'를 주로 활용한 반면 이회창 캠프에서는 '겁주기'를 많이 사용했다는 것이다. 결과적으로 보면 노무현 후보가 이겼으니까 광고만을 가지고 선거 결과를 평가하자면 '겁주기'보다 '동정심 유발하기'가 더 효과적이었다고 볼 수도 있겠다. 물론 일반화시킬 수는 없겠지만 말이다.

먼저 노무현 후보의 TV광고이다. 대통령선거전이 한창일 때만 해도 노무현 후보는 투사적인 이미지가 강했다. 그런 이미지를 희석시키려는 의도를 우리는 이 광고에서 엿볼 수 있다. "노무현의 눈물 한 방울이 대한민국을 바꿉니다"라는 카피와 함께, 눈물을 흘리는 노무현의 모습을 보여주며, 보는 사람으로 하여금 동정심을 유발하고 있다. 그런 내용을 통해서 투사적인 이미지를 탈피하고 그 동정심이 표로 연결되기를 이 광고는 희망하고 있는 것이다.

다음은 이회창 후보의 TV광고이다. 난폭운전자와 모범운전자의 비교를 통해서, 안정감 있는 이회창 후보를 선택하라는 메시지이다. 난폭운전자의 버스를 타면 큰 사고가 난다는 스토리와, "한순간의 인기가 대통령의 자질이 될 수는 없습니다"는 키 카피를 통해, 난폭 운전자로

노무현 후보 ▶

이회창 후보 ▶

비유된 상대 후보를 선택하면 매우 위험하다며 겁을 주고 있다. 하지만 결과적으로 이런 겁주기가 당시에는 잘 안 통했던 것 같다.

지금까지 위협하기에 관해서 살펴보았다. 광고에서 위협하기란 "공포나 불안, 수치심이나 동정 등의 내용을 제시함으로써 소비자를 설득하여 구매를 유도하거나 메시지 수용을 촉구하는 표현방법"을 말한다. 위협하기의 유형에는 겁주기, 수치심 유발하기, 동정심 유발하기가 있으며, 그에 따른 다양한 사례를 통하여 경쟁 제품과의 차별점을 극대화해서 부각시킬 수 있는 위협하기의 장점을 확인해보았다. 위협하기는 특별히 공익광고, 공익적 성격의 기업광고 혹은 제품광고, 정치광고, 치유적 성격을 띠는 제약광고나 생활용품광고에서도 많이 활용되고 있음도 확인할 수 있었다.

하지만 위협의 적절한 수위나, 방법, 횟수를 정하는 데는 많은 지혜가 필요하다. 너무 가벼운 위협은 하나마나일 테고, 지나친 위협은 공감을 떨어뜨릴 것이다. 근거 없는 위협은 영화 <화씨 9/11>에서의 부시처럼 반발의 대상이 될 것이며, 너무 자주하는 위협은 거짓말쟁이 양치기 소년의 외침처럼 아무도 믿지 않게 될 것이다.

05 뼈 있는 말장난,
펀(pun)

펀의 개념과 효과

조선 후기의 김립(金笠), 즉 김삿갓■이라는 풍자시인을 기억할 것이다. 날카로운 세태 풍자를 위해 김삿갓이 즐겨 사용하던 수사법은 바로 펀이었다. 그의 「낙민루(樂民樓)」라는 시를 한번 음미해보자.

> 宣化堂上宣火黨(선화당상선화당)　樂民樓下落民淚(낙민루하낙민루)
> 咸鏡道民咸驚逃(함경도민함경도)　趙岐泳家兆豈永(조기영가조기영)

정말 시인지 말장난인지 혼란스럽기까지 하지만 분명히 시이다. 김삿갓이 방랑할 무렵 함경도 관찰사인 조기영(趙岐泳)을 풍자하는 시이다. 여기서 선화당을 宣化堂이라고 쓰면 관찰사가 집무하는 집이 되지만, 宣火黨이라고 쓰면 화적 같은 도둑떼가 된다. 낙민루도 樂民樓라고 쓰면 백성들이 편안히 즐기는 집이라는 뜻이지만, 落民淚라고 쓰면 백성들이 눈물을 흘린다는, 전혀 다른 뜻이 된다. 함경도도 咸鏡道라고 표기

■ 김삿갓(1807~1863)의 본명은 김병연. 선천 부사였던 할아버지 김익순이 홍경래의 난 당시 투항한 죄로 집안이 멸족을 당했으나, 후에 할아버지를 조롱한 시제로 장원급제 하게 되었는데, 이를 자책하여 방랑길에 올라 수많은 풍자시를 남겼다.

하면 우리가 잘 아는 한반도 동북쪽의 지명이지만 咸驚逃라고 하면 모두 놀라 달아난다는 뜻으로 변한다. 조기영을 趙岐泳이라고 쓰면 사람 이름이지만 兆豈永이라고 표현하면 어찌 오래가겠는가 하는 의미로 바뀐다.

따라서 이 시는 다음과 같이 해석된다. "선정을 펴야 할 선화당에서 화적 같은 정치를 펴니 / 낙민루 아래에서 백성들이 눈물 흘리네. / 함경도 백성들이 다 놀라 달아나니 / 조기영의 집안이 어찌 오래 가랴." 김삿갓은 이처럼 동음이의어의 펀을 활용해서 당시 부패한 관료들의 갖은 학정을 고발하는 절묘한 풍자시를 썼던 것이다.

펀은 "말장난, 재담, 익살, 곁말, 쉰 소리, 동음이의(同音異義)의 익살" 등을 뜻하는 단어이다. 즉 동음이의어 등을 통한 말의 유희 혹은 말장난이 바로 펀이다. 그런데 단순히 말장난에 그치지 않고 그 속에 전달하고자 하는 뼈 있는 메시지가 숨어있어야 펀의 참맛이 살아난다. 그래서 진정한 펀은 말장난이기는 하되 '뼈 있는 말장난'이라고 할 수 있겠다. 광고표현에서 '뼈'란 대체로 컨셉트나 핵심적인 셀링 포인트일 것이다.

여기서 주의할 것은 장난, 놀이, 농담이라는 뜻의 fun과 pun은 구분해야 한다는 것이다. 두 단어는 비슷한 점도 있지만 다른 단어이다. pun은 대체로 fun이지만, fun이라고 꼭 pun은 아니다.

광고표현에서도 펀은 재미있으면서도 제품의 메시지를 아주 예리하게 전달하는 방법이 될 수 있다. 광고에서 사용되는 펀은 다음과 같은 효과를 갖게 된다. 첫번째, 펀은 겉으로는 재미를 주고 속으로는 제품의 특성을 전달하는 두 가지 효과를 얻게 해준다. 다시 말해서 재미와 메시지 전달, 그 두 마리 토끼를 동시에 잡을 수 있다는 것이다. 두번째, 펀은 누구나 알고 있는 친근한 표현을 통해서 제품의 성격을 쉽게 경제적으로 전달할 수 있게 해준다. 세번째, 펀은 익숙하지 못한 브랜드 네임과 브랜드 특성, 이 두 가지를 매우 효율적으로 접목시킬 수 있게 해준다.

이제 그러면 다양한 유형과 사례를 통해서 그런 장점들을 하나하나 확인해보자.

편의 유형과 사례

1. 중의적 표현 활용

✓사례 1. "물"의 중의적 표현

편의 첫번째 유형으로 중의적 표현을 들 수가 있다. 이것은 동음이의어(同音異議語; 발음은 같지만 뜻이 다른 단어나 어구)를 활용해서 메시지의 효과를 배가시키는 방법이다. 그 첫번째 사례로써 '물'의 중의적 표현을 살펴보자.

물은 동양 철학에서 생명의 근원을 뜻하는 상징적인 사물이었다. 그래서 물 수(水) 변의 한자어들은 대체로 근원, 원천 등의 좋은 뜻을 간직하고 있다. 그런데 현대에 와서는 이 '물'이라는 단어가 멍청하다, 흐리멍덩하다, 주관이 없다 등, 이렇게 나쁜 의미로 사용되는 경우가 많다. 광고에서는 바로 그런 의미의 물을 실제의 물과 함께 사용해서, 의미를 의도적으로 혼란시키며 재미와 메시지를 동시에 전달하게 된다.

'2% 부족할때'의 첫번째 TV광고를 보자. 키 카피는 "날 물로 보지마"이다. 여기서 물의 의미는 두 가지이다. '흐리멍덩한 사람, 이래도 좋고 저래도 좋은 우유부단한 사람'과 실제 먹는 물, 이 두 가지 의미를 이중적으로 담고 있다. 즉, 모델(핑클 이효리)이 만만한 사람이 아니라는 의미와 제품이 단순한 물이 아니라는 의미가 바로 '날 물로 보지마'라는 카피에 담겨 있다는 것이다. 이 광고는 그 두 가지 물의 의미를 의도적으로 혼동시켜 이야기의 재미를 더해주면서 메시지를 효과적으로 전달하고 있다.

2% 부족할 때(핑클편) ▶

2% 부족할 때(최진실편) ▶

‘2% 부족할때’의 두번째 TV광고이다. “난 노는 물이 달라”라는 키 카피가 귀에 들어온다. 여기서 물의 의미는 첫번째 광고에서의 그것과는 조금 다르게, 배경, 바탕, 분위기가 될 것이다. 우리는 물을 이런 의미로도 자주 사용한다. 따라서 “난 노는 물이 달라”란 카피는 이 모델(최진실)이 특별한 존재라는 뜻과 함께 제품이 특별한 성격을 가지고 있다는 이중적인 의미를 담고 있다.

‘2% 부족할때’의 인쇄광고이다. 첫번째 광고의 헤드라인은 “날 물로 보지 마”인데, 이것은 TV광고에서의 의미와 같다. 두번째 광고에는 “물 먹었다”와 “난 2% 마신다”는 헤드라인이 보인다. 두 개의 헤드라인이 대구로 표현되어 있다. 여기서 ‘물 먹었다’에는 진짜 물을 먹었다는 뜻도 있겠지만 망했다, 실패했다, 잘 안됐다 그런 뜻도 있음을 우리는 알고 있다. 따라서 이 두 개의 헤드라인이 주는 의미는, (‘2% 부족할때’가 아닌)

2% 부족할 때 인쇄광고 ▼

진짜 물을 먹었기 때문에 결국은 망했다, 실패했다는 것이다. 결국 이 광고는 편을 통해서 '2% 부족할때'를 마셔야 망하거나 실패하지 않고 성공한 생활을 할 수 있다는 메시지를 전달하고 있는 것이다.

물의 중의적 표현 마지막 사례로, 앨트파이 정수기 광고 두 편이다. 첫번째 광고의 헤드라인은 "미국을 물먹인 회사"이다. 미국에 제품을 수출해서 4만대나 판매하고 있다는 내용을 자랑스럽게 전하는 광고이다. 여기서 "물먹였다"는 말 역시 두 가지 의미를 담고 있다. '물먹었다'가 실패했다, 잘 안됐다는 뜻이니까 '물먹였다'는 실패하게 했다, 잘 안되게 했다는 뜻이다. 미국에 우리나라 정수기를 수출해서 미국의 정수기 회사를 실패하게 했다는 것이 "물먹였다"의 첫번째 의미이겠고, 미국 사람들로 하여금 앨트파이 정수기를 사용해서 물을 먹게 했다는 것이 그 두번째 의미이겠다. 한 어구로 이런 이중적인 의미를 동시에 전달함으로써 제품의 위력을 재밌고도 날카롭게 표현하고 있다.

앨트파이 정수기의 두번째 광고 헤드라인은 "세계를 물로 보는 회사"

◀ 앨트파이 정수기

이다. 비주얼은 지도 위에 한복을 입은 모델이 서 있는 모습이다. "세계를 물로 본다"는 것은 세계를 우습고 만만하게 본다는 뜻과, 세계의 정수기 시장을 겨냥한다는 뜻을 모두 담고 있는 표현이라고 할 수 있겠다. 즉 이 광고는 세계의 정수기 시장을 앨트파이 정수기로 석권하겠다는 메시지를 전하고 있다. 물의 중의적인 의미가 재미있으면서도 힘차게 살아 있는 듯하다.

✓사례 2. 우리말 사이의 중의적 표현

다음은 우리말 사이의 중의적 표현을 살펴보자. 하나의 우리말 어구가 또 다른 우리말 어구와 동음이의의 관계에 있는 경우를 말한다.

첫번째 사례는 '돼지바'라는 아이스크림의 TV광고이다. 브랜드 네임이 '돼지바'인데, 이 이름은 동물의 돼지에서 왔지만, '되다'의 어미 활용형인 '되지'와 동물의 '돼지', 그 발음의 유사성을 이용해 재미있고 유머러스한 상황을 연출하고 있는 광고이다.

돼지바 ▶

다음은 인터넷쇼핑몰 예스프라이즈의 TV광고이다. '턱없다'는 우리가 일상적으로 많이 쓰는 말이다. '모자란다', '이유 없다', '근거 없다'는 뜻이다. 그렇게 쓰는 '턱'을 얼굴 아래쪽에 있는 신체 일부분의 '턱'과 발음상 동일함에 착안하여, 발음은 같지만 뜻은 다른 단어를 의도적으로 혼동시키고 있다. 그런 혼동을 통해 웃음을 유발시킴으로써 '낮은 가격'이라는 컨셉트를 인식시키려는 편의 광고이다.

　다음은 쿠쿠 압력밥솥 광고이다. 베트남에 수출한다는 메시지가 "베트남과 한국은 이제 한솥밥 식구이다"라는 헤드라인에 담겨 있다. 일상적으로 '한솥밥 식구'라고 하면 뜻을 같이 하는 동지, 함께 동고동락하는 사람들, 아주 친한 친구 등의 의미이다. 그런데 이 광고는 '한솥밥 식구'를 이런 의미로뿐만 아니라, '쿠쿠 압력밥솥으로 지은 밥을 먹는 사람'이라는 의미로도, 즉 중의적으로 사용하고 있다. 만약 이 광고가 압력 밥솥의 광고가 아니었다면, 그런 중의적인 표현이 성립되기 어려웠을 것이다. 편의 묘미를 새삼 느끼게 해주는 광고이다.

　다음은 에버랜드의 신년광고이다. 헤드라인은 "에버랜드가 세배를 드립니다"이다. 여기서 '세배'라는 단어가 중의적으로 표현되어 있는데, '설날에 웃어른께 드리는 절'이라는 뜻의 세배(歲拜)와 함께, 한 배나 두 배가 아닌 '세(3) 배'의 두 가지 의미를 동시에 살리고 있다. 세 가지 신년 이벤트를 알리면서, 고객에 대한 감사의 마음까지 전달하는 광고이다.

◀ 쿠쿠와 에버랜드

▲ 롯데월드 ▼

✓사례 3. 한자어의 중의적 표현

다음은 한자어에 관련된 편의 첫번째 사례로서, 롯데월드의 시리즈 광고를 하나하나 음미해보자. "秋樂하는 것에는 사랑이 있다"라는 헤드라인의 첫번째 광고를 보자. 이것은 물론 『추락하는 것에는 날개가 있다』라는 이문열의 소설 제목을 패러디한 카피이지만, 추락을 墜落이라고 하지 않고, '가을의 즐거움'이라는 뜻의 秋樂이라고 표기한 것이 돋보인다. 따라서 이 광고는 '秋樂'을 통하여, 발음에서 연상되는 원래의 추락, 즉 '떨어진다'는 의미와 함께 '가을의 즐거움'이라는 의미를 모두 살려 동시에 전달하고 있는 재미있는 광고이다.

두번째 광고의 헤드라인은 "올 여름 寒입에 끝장낸다"이다. 여기서 '한 입'을 '寒 입'으로 표현함으로써, 우리가 일상적으로 얘기하는 '한 입'(즉 one bite)과 '찬 입'이라는 두 가지 의미를 동시에 전달하고 있는 광고이다.

그 다음의 헤드라인은 "夜寒 휴가"이다. '야한'은 '선정적인', '섹시한'이라는 의미인데, '夜寒'이라고 표기함으로써 원래의 의미와 함께 '시원한 밤'이라는 뜻을 동시에 전달하려는 의도를 읽어낼 수 있다. 즉 여름밤 애인과 함께 롯데월드에 오면 야하면서도 시원한 밤을 보낼 수 있다는 뜻일 것이다.

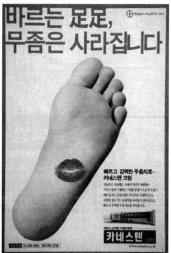

　다음은 광고대행사 웰컴의 기업광고이다. 헤드라인은 "감나무가 있는 광고 회사"이고 비주얼은 감나무이다. 표면적으로만 보면 웰컴이라는 회사 안에 감나무가 심어져 있다는 말이겠거니 하고 생각하고 말 수 있다. 하지만 바디카피를 읽어 보면 여기서 말하는 감이 단순히 가을에 먹는 감이 아니고, 느낄 감(感) 자로 표현되고 있다. 결국 이 광고는 겉으로는 가을에 열매가 열리는 감나무를 말하고 있지만, 속으로는 感 , 다시 말해서 감성, 감각, 공감 등 여러 가지 느낌을 만들어내는 광고회사라는 메시지를 전달하고 있는 것이다.

　다음은 카네스텐이라는 무좀약의 광고이다. "바르는 足足 무좀은 사라집니다"라는 헤드라인을 보자. '족족'이 발 족(足)자를 써서 '足足'으로 표현되어 있다는 점이 아주 재밌다. '족족'이라는 말은 원래 의태어로서 '~마다', '~대로'의 뜻을 갖고 있는데, 그런 의미를 살리면서도 무좀약이라는 제품특성을 살려 '足足'으로 표현한 듯하다. '바르는 족족'이면 단순히 '바를 때마다'의 뜻일 텐데, '바르는 足足'이면 '발에

바를 때마다'는 뜻을 지니면서 무좀약이라는 제품의 카테고리까지 절묘하게 전달하게 되는 것이다.

✓사례 4. 영어와 우리말의 중의적 표현

▲ 에버랜드와 휴대폰 국제전화

다음은 영어와 우리말의 중의적 표현을 활용하는 사례들을 살펴보자. 먼저 에버랜드 광고이다. 헤드라인은 "나에게 자유이용권을 달라 달라"이다. 비주얼은 미국의 화폐인 '달라(dollar; 정확한 표기법은 달러)'의 모양인데, 그 안에 들어 있는 인물은 웃기게 표현되어 있는 코미디언(서세원)이다. 여기서 '달라'는 중의적으로 활용되고 있는데, 'Give Me'라는 의미의 우리말 '달라', 그리고 미국의 화폐단위인 'dollar', 이 두 가지 의미를 동시에 전달하면서 이벤트를 재밌게 알리는 광고이다.

휴대폰 국제전화 00770의 광고를 보자. 헤드라인은 "돈 worry, 미국 186원"이다. 걱정하지 말라는 뜻의 영어 'don't worry'에서의 don't를 우리말 '돈'으로 표현하는 데에서 아이디어가 시작된 듯하다. 이 광고가 전달하고 싶은 메시지는 '돈 걱정하지 마라'(왜냐하면 값싼 국제전화 00770이 있으니까!)일 것이다. 굳이 헤드라인을 곧이곧대로 따지면 '돈 걱정해라'라고 읽힐 수도 있겠지만, '돈'이 뒤에 오는 worry와 만나면 don't라는 단어를 연상시킬 수 있다는 생각으로 이런 표현을 사용한 것 같다.

다음은 마이크로소프트의 신문광고이다. "일어나라 中小企UP"이 헤드라인인데, 중소기업의 '업'을 한자 業 대신 영어 UP을 사용했다는 게 특징이다. UP이란 위로 솟아오른다는 뜻일 테니, 결국 이 광고는 '중소기업이여 일어나라'는 메시지를 강조하여 전달하고 있는 것이다.

◀ 마이크로소프트

　아이젯이라는 청바지 광고도 재미있다. 여기서 키 카피는 '멋jean 고딩이'이다. '멋진'의 진을 청바지라는 뜻의 jean으로 표현했다는 것이 이 표현의 특징이다. '멋진'이라는 말을 '멋jean'으로 표현함으로써 '멋있는 청바지'라는 뜻을 짧게 압축해서 전달하고 있다. 고등어가 청바지를 입고 있는, 다소 그로테스크하지만 재미있고 익살스런 비주얼도 인상적이다. 고등어는 고등학생의 속칭인 '고딩이'를 뜻하는데, 고등학생과 고등어의 개념을 혼란스럽게 해서 오히려 주목효과를 높이고 있다.

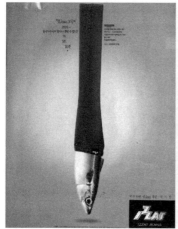

◀ 아이젯

2. 의성, 의태어 사용

✓사례 1. 카스의 톡!

의성, 의태어 활용의 첫번째 사례로 카스 맥주 광고의 '톡!'을 소개하겠다. 젊은 세대들만의 독특한 생각들이 '톡' 이라는 단어와 함께 표현되고 있는 영상과 카피이다. '톡톡' 튀는 신세대의 생각과 '톡' 이라는 병뚜껑 튀는 소리를 연결시키는 중의적 표현으로 독특한 브랜드 이미지를 만들어내고 있다.

▼ 카스

갖고 싶은 걸 위해 뭐든 할 수 있다. 나는 톡!

하고 싶을 때는 한다.
나는 톡!

공주처럼 살기는 싫다. 나는 톡!

용기 있는 자가 사랑을 얻는다.
나는 톡!

몸이 부쉬져도 좋다. 나는 톡!

남자친구가 지는 건 못 본다.
나는 톡!

나는 톡 쏘는 카스가 좋다.

톡 쏘는 여자가 좋다. 나는 톡!
톡! 내가 살아 있는 소리, 카스

✔사례 2. 디오스의 자장자장

디오스 냉장고의 TV광고이다. 이 광고의 키워드는 '자장자장'이라는
의태어이다. 조용하게 잠들어 있다는 의미를 전달하는 단어일 것이다.
이 광고에서 디오스는 외제 냉장고가 좋다는 소리와 시끄러운 냉장고의

풀벌레소리
드르렁드르렁(코고는 소리)
음메(양우는 소리)
자장 자장 자장 자장-
외제 냉장고가 좋다는 소리
시끄러운 냉장고 소리
엘지가 잠재웁니다.
엘지 디오스

▼ 디오스

자장 자장
외제 냉장고가 더 좋다는 소리
시끄러운 냉장고 소리
엘지가 잠재우겠습니다.
디오스

소리를 모두 잠재우는, 제품력에서 세계 어떤 냉장고에도 비교해서 뒤처지지 않는다는 의미를 이 '자장자장'이라는 의태어 속에 모두 담고자 했을 것이다.

✓사례 3. 미소로 기억되는 나라(공익광고)의 씨~익

다음은 '미소로 기억 되는 나라'라는 주제의 공익광고이다. 이 광고의 키워드는 '씨익' 이라는 의태어이다. 이 광고는 외국인들을 미소로 맞이하자는 메시지를 '씨익'이라는 의태어로 쉽고 친근하게 표현하고 있다.

미소로 기억 되는 나라 ▶

✓사례 4. 롯데월드와 후지필름의 행사광고

롯데월드의 행사광고 헤드라인은 "벅벅 긁어라, 펑펑 터진다"이다. 경품권을 긁으면 푸짐한 선물을 준다는 사은행사의 내용을 '벅벅'과 '펑펑'이라는 대구적인 의태어를 통해서 전달하고 있다. 머리를 긁는 비주얼의 익살도 눈여겨 보길 바란다. 사실 긁는 대상은 경품권인데, 머리를 긁는 비주얼로 치환시켜 긁는 행위의 재미를 더해주려는 광고이다.

다음은 후지필름의 행사광고이다. "사진 팡팡, 앨범 펑펑"이 헤드라인이다. 사진을 많이 찍으면 앨범을 푸짐하게 준다, 그런 내용을 '팡팡'과 '펑펑'이라는 의태어의 대구를 통해서 재밌게 선달하고 있다.

3. 브랜드 연상 표현

편의 장점을 설명하면서, 편은 익숙하지 못한 브랜드 네임과 브랜드 특성을 매우 효율적으로 접목시킬 수 있게 해준다고 말했었다. 그 부분을 살펴보자.

✓사례 1. 제약광고에서의 브랜드 표현

우선 제약 광고에서의 여러 가지 브랜드 연상 표현을 살펴보자. 제약광고의 브랜드 네임은 대체로 어렵다. 그래서 제품 특성과 브랜드 네임을 연결시키는 게 제약광고의 주된 과제인 경우가 많다. 어려운 브랜드 네임을 어떻게 하면 재밌게 표현하여 제품 특성과 함께 소비자들에게 기억시킬 수 있을까, 그 문제를 해결해낸 광고 몇 편을 소개하겠다.

먼저 감기약 코리투살의 광고인데, 키워드는 "코, 코, 코, 코, 코리투살"이다. 여기서 '코'는 브랜드 네임인 코리투살의 첫음절이면서 감기와 깊은 관계가 있는 단어이다. 감기에는 코리투살이라는 메시지를 편을 활용하여 쉽고 재미있게 전달하고 있는 광고이다.

화콜 광고의 키워드는 "확!"이다. 감기를 단번에 잡는다 하는 의미에서 '확'을 썼는데, 이것은 화콜의 두음과 관계가 깊은 단어이다. 확'을 통해서 브랜드 네임도 연상시키고 제품의 성격도 전달하는 이중적인 효과를 노리는 광고이다.

오라메디 광고의 키워드는 '옳아'이다. 옳다는 뜻이면서 브랜드 네임인 오라메디의 첫 두 글자까지 연상시키고 있다. 입안에 난 상처에는 오라메디가 옳다는 메시지를 전달하는 광고이다.

복합 마데카솔의 키워드는 "상처엔 솔솔~"이다. '솔솔'은 '술술'의 작은 말로서 잘 풀린다는 의미를 주기도 하지만, 브랜드네임인 마데카솔의 마지막 음절 '솔'도 연상시키고 있다. 따라서 이 광고는 상처에 마데카솔을 바르면 잘 풀려서 금방 낫는다는 메시지를 전달하고 있다.

코리투살 ▶

키워드: 코, 코, 코, 코, 코리투살

화콜 ▶

키워드: 확! 화콜

오라메디 ▶

키워드: 오라(옳아)! 오라메디

복합 마데카솔 ▶

키워드: 상처엔 솔솔! 복합 마데카솔

제약광고에서 이런 유형의 표현은 아주 많다. 그 중 몇 가지만 더 보자.

- 자신 있게 밖으로 — 바크로비
- 열날 때는 부르세요 — 부르펜
- 캐내고 싶다 — 캐토톱
- 바로 코 밑에 — 바로코민
- 감기엔 애당초 — 애시그린
- 이가 탄탄 — 이가탄

이런 표현들은 모두 브랜드 네임도 기억시키고 제품의 성격도 알리는, 이중적인 효과를 노리고 있는 카피들이다. 하지만 일방적이어서 자칫 천박해질 수 있다는 점은 경계해야 할 것이다.

✓사례 2. 다음 영화

브랜드 연상 표현의 두번째 사례로서 다음(Daum)의 영화 사이트 잡지 광고를 살펴보겠다. 첫 페이지의 헤드라인은 "내가 영화 예매하자고 했더니 그(그녀)는 다음에 가자고 했다"이다. 그 아래에 "왜지? 왜일까?"라는 카피가 헤드라인을 받치고 있다. 브랜드 네임인 다음과 next라는 의미를 갖는 다음, 이 두 가지 의미를 의도적으로 혼란시켜서 의문을 갖게 하여 광고에의 주목도를 높이겠다는 의도일 것이다. 그런 의문을 던진

◀ 다음 영화

후에, 두번째 페이지에서 "다음에 오라"는 헤드라인으로 본색을 드러내고 있다. 첫 페이지에서 표현된 다음의 의미가 next가 아니라, 사이트의 이름인 다음이라는 사실이 밝혀지면서 의문이 풀리는 구성이다. '다음'의 두 가지 의미를 활용한 편의 광고이다.

4. 운(韻)의 활용

편 광고의 네번째 유형은 운(韻)의 활용이다. 운에는 크게 두운(頭韻)과 각운(脚韻)이 있다. 두운(alliteration)은 "단어나 어구의 첫머리에 같은 음이나 비슷한 음을 갖는 글자를 되풀이해서 쓰는 수사법"이다. 각운(rhyme)은 반대로 "단어나 어구의 끝에 같은 음이나 비슷한 음을 갖는 글자를 되풀이해서 쓰는 수사법"이다.

▼ SK기업

✓사례 1. SK기업광고

먼저 SK그룹의 기업광고를 보겠다. OK, SK. 짧으면서도 함축적이고 임팩트 있는 슬로건이다. OK의 K와 SK의 K가 같은 음이므로 각운에 해당된다. 각운으로 슬로건과 브랜드 네임을 연결시킴으로써 고객의 입장에서 보겠다, 고객의 어떤 요구도 흔쾌히 들어주겠다는 메시지를 매우 효과적으로 전달하고 있다.

✓사례 2. 메가패스 광고

다음은 메가패스 광고이다. 키워드는 "유쾌, 상쾌, 통쾌"이다. 끝에 '쾌(快)'자 돌림의 단어가 세 번 연속해서 나온다. 각운에 해당하는 수사적 표현이다. 이 광고는 빠르게 막힘없이 통하는 인터넷 통신 서비스의 특성을 '쾌'라는 각운을 통해서 재밌고 날카롭게 전달하고 있다.

✓사례 3. 2% 부족할때

'2% 부족할때'의 이벤트 고지 광고이다. "2002년 2월 22일, 2날을 2름 하야, 2% DAY로 선포하노라"라는 헤드라인이 참 재미있다. '2% 부족할때'라는 브랜드 네임 속에 있는 '2'를 활용해서 2가 여러 번 겹치는 날인 2002년 2월22일을 행사일로 잡은 것도 아이디어이지만, 이 날을 '2날'로 '이름'을 '2름'으로 표현한 것도 재치 있다. '2'를 두운으로 활용해서 브랜드 네임과 행사일자, 그리고 목표타깃의 정서 등을 연결시킨 광고이다.

운을 이용한 사례에는 그밖에도 '걸면 걸리는 걸리버', 'Kiss를 부르는 Cass, Cass를 부르는 Kiss', '아쉽지만 아홉 분께만 드립니다.', '달릴 때는 자유, 머무를 때는 여유', '엄마볼, 아기볼, 코코볼' 등 셀 수 없이 많다.

▲ 2% 부족할때

지금까지, 광고에서 펀의 수사적 표현에 대해서 살펴보았다. 동음이의어의 중의적 표현활용, 의성어 및 의태어의 활용, 브랜드네임의 연상표현, 운의 활용 등의 유형과 그에 따른 다양한 사례들을 하나하나 보면서, 펀은 표면적으로는 재미를 주고 이면적으로는 제품의 특징을 전달함으로써 재미와 메시지 전달이라는 두 마리 토끼를 다 잡을 수 있는 표현방법임을 확인할 수 있었을 것이다. 아울러 광고에서 펀을 활용하는 제품은 놀이공원, 식품, 약품 등 대체로 저관여 제품이지만, 냉장고나 정수기와 같은 고관여 제품에서도 활용되고 있으며, 때로는 기업광고나 공익광고에서도 적절하게 이용되고 있음을 알 수 있었다.

마지막으로 다시 한번 강조하고 싶은 점은, 펀은 '뼈 있는 말장난'이 어야 한다는 것이다. '뼈', 즉 핵심적인 컨셉트이나 셀링 포인트는 보이 지 않고 '말장난'에만 그칠 때, 펀의 광고적 생명력은 오래 가지 못할 것이다.

06 그건 너! 규정하기

규정하기의 개념과 효과

우리는 오늘 하루 몇 편의 광고를 보았을까? 아침에 일어나 라디오를 듣거나 TV를 보면서, 출근이나 등교할 때 승용차나 지하철 안에서, TV광고, 라디오광고, 신문광고, 지하철광고, 옥외광고 등 알게 모르게 우리는 수많은 광고와 만나게 된다. 낮에 강의실에서 공부할 때나 직장에서 일할 때에도 빌딩 위에 있는 많은 옥외 광고들이 시야에 들어온다. 인터넷으로 검색하거나 게임을 할 때에도, 극장이나 경기장엘 가도, 비디오테이프, CD, DVD 등에서도, 심지어 그냥 거리를 걸어갈 때에조차, 광고는 결코 우리 곁을 떠나는 법이 없다. "우리가 숨쉬는 공기는 산소와 질소 그리고 광고로 이루어져 있다"는 말이 정말 실감난다. 그러나 그렇게 무차별적으로 노출되는 광고 중에서 우리의 기억 속에 남아 있는 광고는 과연 몇 편이나 될까?

한 연구에 따르면 소비자들은 하루에 1,500여 편의 광고에 노출되지만, 평균적으로 76편의 광고만을 지각하고, 그 중 약 12편 정도만을 기억한다고 한다. 오호 통재라! 놀랍게도 약 0.8%의 광고만이 기억된다는 것이다. 또 한 연구에 따르면 소비자의 44%만이 광고를 보고, 33%가 식별하며, 9%만이 광고의 텍스트를 반 이상 읽어 본다. 광고 중에 85%가 눈에 띄지 않고 그냥 넘겨진다는 조사 결과도 있다. 수치가 조금씩 다르긴 하지만, 모두 광고의 효율에 대한 심각한 우려의 목소리인 것만은 분명하다. 믿고 싶지는 않지만 이것이 사실이라면 광고란 생존확률이 낮은, 잔인한 서바이벌 게임이 아닐 수 없다.

광고의 홍수 속에서 살아남는 광고가 되기 위해서는 목표한 소비자가 누구인지, 제품의 성격은 어떠한지, 경쟁하고 있는 제품은 무엇인지, 이런 것들이 광고 속에 명쾌하게 드러나야 한다. 그래서 목표한 청중이, "아, 이 광고는 바로 나를 향해 말하는 광고로군!" 또는 "이 제품이 바로 내가 원하는 제품일세!" 이렇게 느낄 수 있게 해주어야 한다. 그러려면 목표 청중과 자사제품 및 경쟁제품의 범주와 성격이 광고 안에 명쾌하게 규정되어 있어야 한다. 이처럼 "의도하는 목표 청중이나 자사 제품 그리고 경쟁 제품의 범주, 성격, 특징 등을 정해주는 일", 그것이 바로 광고에서의 '규정하기'이다.

'규정하기'의 가장 돋보이는 장점은 mass audience 즉 불특정 다수의 소비자 중에서, target audience 즉 광고가 의도하는 목표 청중만을 호명(呼名)*할 수 있다는 것이다. 수십 명 학생 앞에서 먼 산을 보며 '앞으로 나와!' 하면 아무도 나오지 않겠지만, '성이 김씨인 학생, 앞으로 나와!' 하면 분명히 나오는 학생들이 있을 것 아니겠는가? 두번째 장점은 광고하는 제품이 소비자들에게 생소한 경우, 예를 들어 론칭 단계 혹은 시장 초기인 경우, 제품의 범주를 명확하게 인식시킬 수 있다는 것이다. 제품이 생소한 경우에 제품이 어떤 성격을 갖는지, 누구한테 필요한 건지 정확히 규정해주지 않으면 소비자가 자칫 그냥 지나쳐버릴 가능성이 있기 때문이다. 세번째 장점은 시장의 후발 주자인 경우, 따라잡아야 할

■ 프랑스의 마르크시스트 사상가 L. 알튀세(Althusser)가 이데올로기의 기능을 설명하면서 언급한 개념으로서, 그에 의하면 이데올로기는 '이봐, 당신!'이라고 부르는 식의 호명을 통해 개인을 주체로 변환시키는 방식으로 작동한다고 한다.

경쟁상대를 지목함으로서 소비자의 관심을 불러일으킬 수 있다는 것이다. 네번째 장점은 복잡한 시장의 성격을 단순화시켜 규정해줌으로써, 소비자의 선택 기준을 자사 제품에 유리하게 제시할 수 있다는 것이다.

이제, 규정하기의 몇 가지 유형과 그에 따른 다양한 사례를 통해서 그러한 장점들을 확인해보겠다.

규정하기의 유형과 사례

1. 목표 청중의 규정

규정하기의 첫번째 유형은 '목표 청중의 규정'이다. 목표 청중의 규정은 앞에서도 설명했듯이, 다양한 청중 속에서 이 제품을 원하는 특정한 청중만을 족집게처럼 집어내는 일이다.

▼ BC카드

✓사례 1. BC카드

그 첫번째 사례로 BC카드의 '부자 되세요' TV 광고를 보자. 이 광고는 2002년 신년광고로 방영되어 상당한 호응을 얻었다. 지금 보는 20초짜리 광고의 키 카피는 "여러분, 여러분, 모두 부자 되세요"라고 되어 있지만, 30초짜리 광고를 보면 "김 대리님, 이 과장님, 박 부장님, 모두 부자 되세요", 이런 식으로 되어 있다. 즉, 평범한 샐러리맨들을 구체적으로 하나하나 호명하는 카피로 구성되어 있다. 결국 이 광고는 평범한 샐러리맨들을 하나하나 불러주어 부자가 되고자 하는 그들의 심리를 교묘하게 자극함으로써 주목을 끌었다. 하지만 이 광고가 나간 이후 신용불량자가 400만 명에 이르는 등 카드 빚이 큰 사회 문제가 되고 있다. 따라서 이 광고는 카드를 많이 사용하는 것이 곧 부자가 되는 일이라는 착각을 불러일으키게 한 책임으로부터 자유롭지 못하다는 생각이다.

✓사례 2. 에바스 타임 시계 시리즈 광고
다음은 에바스 타임의 시리즈 광고이다. 헤드라인을 보자.

에바스 타임 ▶

　　　－여성들이여, 잠꾸러기가 되자
　　　－여성들이여, 시계를 팽개치자
　　　－여성들이여, 색에 눈을 뜨자

　이 광고들은 모두 "여성들이여," 하면서 여성을 구체적으로 호명함으로써 주목을 끌고 있다. '잠꾸러기가 되자', '시계를 팽개치자'는 표현은 뒤에서 공부하게 될 '과장하기' 중 반어(irony)에 해당된다. 실제로는 잠꾸러기가 될 수도 없고 시계를 팽개칠 수도 없는 노릇이므로 에바스 타임을 사용함으로써 그 효과를 얻을 수 있다는 의미일 것이다. 이런 반어적 표현이 '여성들이여'라는 호명 방식과 결합되어 매우 흡인력 있는 주목효과를 얻어내고 있다.

　✓사례 3. 금호 허츠, 파로돈탁스
　다음은 금호 허츠의 신문광고이다. 허츠(Herts)는 잘 아시는 것처럼 세계적인 렌터카 회사이다. 1980년대 말 그 허츠가 금호그룹과 손잡고 '금호 허츠'의 이름으로 한국에 진출했을 때 게재되었던 론칭광고이다. "운전면허를 가지시고도 / 세계적인 허츠를 모르신다면 / 다음 석 줄을 눈여겨보십시오." 다소 길지만 인상적인 헤드라인이다. 헤드라인 아래에 허츠의 장점을 세 가지로 요약해놓은 카피와 비주얼이 보인다.

여기서 이 광고가 노리는 목표 청중은 '운전면허를 가진 사람'이다. 운전면허도 없는 사람이 렌터카를 이용할 일은 거의 없을 테니까 매우 합리적인 타게팅(targeting)이라고 생각된다. 게재 당시엔 운전면허 소지자의 비율이 지금보다 상당히 낮았을 것이지만, 운전면허를 가졌더라도 아마 허츠를 모르는 사람이 더 많았을 것이다. 운전면허 소지자를 호명하고, 그들에게 허츠의 세계적인 명성을 주지시킨 다음, 허츠의 구체적인 장점을 설명한 바디카피를 읽도록 하는 힘을 이 헤드라인은 갖고 있다. 요즘은 헤드라인이 점점 짧아지고 있지만, 이렇게 힘 있는 헤드라인이라면 아무리 길다고 해도 원하는 효과를 얻을 수 있는 것이다.

다음은 "이런 잇몸을 찾습니다"라는 헤드라인의 파로돈 탁스라는 치약의 광고이다. 헤드라인 위에는 잇몸이 상한 다양한 경우의 모습들이 일러스트로 처리되어 있다. 잇몸이 나쁜 사람들은 의외로 많다. 불특정 다수의 대중 속에서 나쁜 잇몸을 가진 사람들을 골라내는 힘을 이 헤드라인은 갖고 있다.

▲ 금호 허츠와 파로돈탁스

✔사례 4. 빨간펜, 좋은 세상, 윤선생 영어교실

다음은 주로 초등학생을 자녀로 둔 주부들을 타깃으로 한 세 편의 광고를 보자.

빨간펜 광고의 헤드라인은 "대한민국 엄마들 따져봅시다"이다. '엄마' 라고 호명된다는 건 자녀가 있는 여자임을 뜻하고, 그들은 대부분 교육에 관심이 많을 텐데, 이 광고는 그런 '엄마'를 대상으로 한 광고라는 점을 분명히 말해주고 있다.

　다음은 '좋은 세상'이라는 바닥재의 광고이다. '어머니!'라는 헤드라
인 크게 보인다. 전자파로부터 아이들을 보호해야 하는데, 그러려면 좋
은 바닥재를 깔아야 한다, 이런 카피로 구성되어 있다. 여기서도 자녀들
의 건강을 걱정하는 타깃 즉 어머니를 구체적으로 규정함으로써 광고의
효율 극대화를 의도하고 있다.

　다음은 '윤선생 영어교실'의 초창기 광고이다. 헤드라인은 "영어백신,
6학년 때 맞아야 항체가 생긴다."이다. 여기서는 우리가 주목 할 부분은
'6학년 때'이다. 6학년 정도의 자녀를 둔 주부들이라면 이 카피가 눈에
띄지 않을 수 없을 것이다. user(즉 초등학교 6학년생)의 규정을 통하여
buyer(즉 초등학교 6학년 학부모)를 호명하는 방식의 표현이다.

✓사례 5. 롯데월드와 위저트

다음은 롯데월드와 위저트의 광고
이다. 이 두 광고의 공통점은 '女'라는
한자어를 이용해서 헤드라인을 표현
했다는 것이다. 앞의 장에서 살펴본 펀
(pun)의 수사적 표현에도 해당된다. 그
러면서도 女 즉 여성타깃을 대상으로
한다는 뜻이 분명히 드러나 있다.

▲ 롯데월드와 위저트

롯데월드 광고의 헤드라인은 '女보
세요!'이다. 보통 전화받을 때나 누구를 부를 때 쓰는 '여보세요'에서
'여'를 女로 표현함으로써, 여성들에게 맞는 이벤트 행사 내용임을 알리
고 있다. 다음 위저트 광고의 헤드라인은 '가벼워女~ 상큼해女~'이다.
채팅할 때 '~요' 대신 '~여'라는 표현 많이들 쓴다. '어디에여?' '모(뭐)
하세여?' 이런 식으로 말이다. 그때의 '여'자를 '女'자로 바꿔서 여성
타깃, 그 중에서도 채팅을 즐겨하는 젊은 여성 타깃을 겨냥하고 있다.
다이어트에 좋은 제품이라는 사실이 비주얼로 표현되어 있다.

✓사례 6. 한미 파슨스

다음은 한미 파슨스라는 건설회사의 광고
이다. 헤드라인은 "상가건물을 지으려는 L사
장님", "회사사옥을 신축하려는 K사장님"이
라고 되어 있다. 빌딩을 짓거나 사옥을 건축
하려면 사장이나 회장에게 그 결정권이 있을
것이다. 이 광고는 사장이나 회장과 같이 의
사 결정권을 갖고 있는 사람이 타깃임을 분명
히 말하고 있다. 여기서 L과 K는 아마도 우리

▼ 한미 파슨스

나라에서 가장 많은 성인 이씨와 김씨를 지칭하는 것 같다.

✓사례 7. 매취순

다음은 매취순이라는 매실주의 광고 세 편을 보자. '짜슥아', '오빠야', '행님아'가 각각의 헤드라인이다. 단짝 친구, 남자애인, 친한 선배를 부를 때 일상적으로 쓸 수 있는 말들이다. 익숙한 생활언어를 그대로 헤드라인에 올렸다는 점이 돋보인다. 비주얼도 그런 헤드라인과 어울리며 재미있고 유머러스하게 표현되어 있다. 이 광고는 이런 호명 방식을 통하여 궁극적으로 아주 가까운 친구 간, 연인 간, 또는 선후배간에 어울릴 때 마시기 좋은 술이라는 메시지를 전달하고 있다.

매취순 ▶

✓사례 8. KTF 번호 이동성제도 시리즈

2004년 초부터 번호이동성 제도와 관련된 광고전이 매우 치열하게 벌어졌다. 이 광고는 KTF가 011고객을 뺏어오겠다는 전략의 일환으로 만들어진 광고이다.

"이 분의 번호는 무엇일까요?"라고 의문을 던진 뒤, 우연을 가장한 시각적 효과를 통해, 그 사람의 번호가 011이란 사실을 알려주고 있다. 목표 청중이 011 고객이라는 사실이 명백하게 규정되어 있는 독특한 광고이다. TV광고와 연계해서 실렸던 신문광고의 헤드라인은 "011 친구야 너를 KTF에 추천한다"이다. TV광고와 마찬가지로 011 고객을 명확한 타깃으로 규정하고 있다.

2. 경쟁 상대의 규정

경쟁 상대의 규정이란 어떤 제품과 경쟁하는지, 즉 자사 제품의 경쟁 상대가 누구인지를 명확하게 규정하는 일이다. 광고의 중요한 특징 중 하나는 '다른 제품 대신 이 제품을 사용하라'는 메시지라는 점이다. 따라서 소비자에게 '~대신' 이를테면 '나이키대신', '코카콜라대신', '맥도날드대신' 우리 신발을, 우리 콜라를, 우리 햄버거를 사용하라고 말하면 소비자의 태도 결정이 더 분명해질 수 있다. '경쟁 상대의 규정'은 바로 그런 효과를 노리는 표현방식이다.

✓사례 1. KTF magic n

그럼 먼저 KTF magic n의 시리즈 광고를 살펴보겠다. KTF magic n은 핸드폰으로 인터넷을 비롯한 동영상 서비스를 하는 브랜드이다. 헤드라인을 하나하나 보자.

▼ KTF magic n

　　　 －TV님 죄송합니다.
　　　 －PC님 죄송합니다.
　　　 －신문님 죄송합니다.
　　　 －야구장님 죄송합니다.

헤드라인은 이처럼 모두 '…님 죄송합니다'의 형태로 되어 있다. TV, PC, 신문 등에 '님'을 붙여, 앞에서 살펴본 의인화하기의 기법을 활용하고 있다는 점도 기억해야겠지만, 이 광고에서 중요한 것은 'magic n'의 경쟁상대가 TV, PC, 신문, 야구장, 극장, 즉석복권, 장학퀴즈이다, 하는 내용을 구체적으로 명확히 규정하고 있다는 점이다. 경쟁상대를 규정하여 공격하고 있지만, 유머러스하고 유연함을 잃지 않고 있다.

✓사례 2. 쌍용아파트, 하이필 정수기, 롯데 후레시 포크

다음은 쌍용 아파트의 용인 수지 1차 분양광고이다. "분당, 한번 겨뤄보자!"라는 헤드라인이 팔씨름 그림과 함께 매우 도발적이다. 용인 수지의 경쟁 상대가 바로 분당이라는 것이다. 분당은 다 아는 것처럼 일산과

함께 신도시의 성공 사례로서, 쾌적하고 살기 좋은 곳이다. 용인 수지는 그런 분당보다 더 좋거나 적어도 그에 뒤떨어지지 않는다는 사실을 "분당, 한번 겨뤄보자!"라는 카피로 전달하고 있다.

롯데 후레시 포크라는 브랜드 돼지고기 광고의 "한 판 붙자 쇠고기"라는 헤드라인도 동일한 접근방법이다. 마치 한 판 붙을 것 같은 돼지의 모습이 아주 재미있게 표현되어 있다. 이 광고는 후레시 포크를 쇠고기와 겨루게 하겠다는, 말하자면 쇠고기를 경쟁상대로 삼아서 대항하겠다는 의지가 유머러스하게 드러난 광고이다.

▲ 쌍용아파트

"답답하다, 역삼투압 정수기"라는 헤드라인의 하이필 정수기 광고도 비슷한 발상이다. 추측컨대 정수기 시장의 경쟁구도는 역삼투압 정수기의 강세 속에 미네랄 정수기가 파고드는 형국인 듯하다. '하이필 정수기'가 속하는 미네랄 정수기가 역삼투압 정수기보다 우수하다는 사실을 이렇게 경쟁상대의 규정을 통하여 표현하고 있다. 경쟁상대의 약점을 공격한다는 점에서 네거티브 어프로치(negative approach)이기도 하다.

▲ 하이필 정수기

✓ 사례 3. 아시아나

아시아나항공의 신문광고를 보자. 우리나라 항공사 시장은 아시아나항공과 대한항공의 양자 구도이다. 대한항공의 역사가 훨씬 길고, 아시아나항공이 후발주자이다. 대한항공이 다양한 노선과 네트워크 등 하드웨어적인 테마로 광고를 접근했다면, 아시아나항공은 친절한 서비스 등 소프트웨어적인 테마로 광고를 접근한 것이 대체적인 흐름이었다. 서로 이미지의 영역을 달리 하며 싸움을 피해왔던 것이다. 하지만 이 광고에서 아시아나항공은 기령(機齡) 즉 항공기의 나이를 문제 삼으며 대한항공과 정면 대결을 벌이고 있다. "이 비행기 몇 년 됐어요?"라는 헤드라인과 '비행기 나이, 물어보고 탑시다'라는 서브헤드에 그런 공격

▲ 롯데 후레시 포크

▲ 아시아나항공

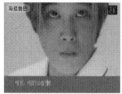

▲ 인터파크

적인 의도가 뚜렷이 나타나 있다.

우리나라에 항공사가 두 회사밖에 없다는 사실을 안다면, 이 광고가 노리는 경쟁상대는 당연히 대한항공이다. 역사가 길다는 게 장점이 될 수도 있겠지만, 비행기가 노후했다는 점에서는 결정적인 약점이 될 수 있는데, 아시아나항공은 바로 그 약점을 이렇게 물고 늘어지는 캠페인을 펼쳤던 것이다.

3. 제품의 성격 규정

'제품의 성격 규정'은 말 그대로 제품의 성격, 범주, 개념 등을 명확히 규정하는 일을 말한다. 제품의 기능이 생소하거나 친숙하지 않을 때 효과를 발휘한다.

✓사례 1. 인터파크

'제품의 성격 규정' 첫번째 사례로서 인터파크의 TV광고를 보자. 키카피는 "서점에서 안 샀다. 인터파크에서 샀다"라는 대구적 표현으로 되어 있다. 이 카피에서 중요한 것은 서점과 인터파크를 언급함으로써 인터파크의 역할과 기능을 명확히 규정하고 있다는 점이다. 만약 '서점에서 안 샀다'가 없고 '인터파크에서 샀다'만 있다면 인터파크라는 이름만으로 과연 뭐 하는 곳인지 알 수 없었을 것이다. 물론 지금이야 양상이 조금 다르겠지만, 시장 진입 초기였기에 그랬을 거라는 얘기이다. '서점에서 안 샀다'라는 부분이 있기 때문에, '아~ 인터파크는 서점에서 살 수 있는 물건 즉 책을 사는 곳이구나' 하고 생각하게 되는 것이다. 그런 방식으로 제품의 성격을 명확히 규정하는 광고이다.

TV 광고와 연계된 신문광고 시리즈이다. TV광고와 연계된 "서점에서 안 샀다. 인터파크에서 샀다"라는 헤드라인의 광고와 함께 "백화점

◀ 인터파크

에서 안 샀다. 인터파크에서 샀다", "매표소에서 안 샀다. 인터파크에서
샀다"는 헤드라인의 광고가 있다. 이 광고들은 종합해보면, 인터파크는
서점에서 살 수 있는 물건(즉 책)도 사고, 백화점에서 살 수 있는 것도 사고,
매표소서 살 수 있는 것도 사는, 새로운 개념의 인터넷 쇼핑몰이다, 하는
사실을 알 수 있게 된다. 다시 말해서, 서점이나 백화점, 매표소 등을 경쟁
상대로 삼아서 제품을 명확하게 규정하고 있는 시리즈 광고이다.

✓사례 2. 삼성전자의 홈메신저
    삼성전자 홈메신저 광고의 헤드라인은 "인터넷을 한다. PC는 아니
다", "벨이 울린다. 전화기는 아니다"이다. 보통 인터넷을 할 수 있는

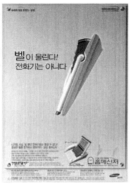

◀ 홈 메신저

건 PC이고 벨이 울리는 건 전화이다. 상식적인 차원에서 그렇다는 얘기이다. 그런데 이 광고는 인터넷을 할 수 있는 제품의 특성을 PC라는 잠재적 경쟁상대를 빌려서, 그리고 벨이 울리는 제품의 특성을 전화기라는 잠재적 경쟁상대를 빌려서 설명하고 있다. 즉 우리에게 익숙한 잠재적 경쟁상대를 빌려서 제품의 성격을 규정하는 광고이다.

✓사례 3. 기아 프라이드의 5도어

지금은 단종되었지만 한때 인기 상한가였던 기아 프라이드의 5도어 광고이다. "꼭 프라이드를 고집하면서 5도어를 찾는 분이 계셨읍니다"는 맛깔스러운 헤드라인이 인상적이다. 프라이드는 먼저 3도어가 출시되었는데, 이 3도어의 인기에 편승해서 5도어를 출시하게 되었다는 배경을 알고 이 광고를 보면 이해가 더 빠를 것이다.

이 광고의 헤드라인이 규정하고 있는 것은 우선 타깃의 성격이다. 바로 '프라이드를 고집하면서 5도어를 찾는 분'이 그것이다. 그 다음 규정하고 있는 제품의 성격이다. (3도어만 있었던) 프라이드에도 5도어가 있다는 점, 즉 '프라이드 5도어'라는 제품의 성격도 분명히 규정하고 있다.

▲ 프라이드의 5도어

■ 러시아 출신의 언어학자로서, 체코로 건너가 '프라하 학파'를 창시한 후 스칸디나비아제국을 거쳐 미국으로 귀화하여 하버드, MIT 등에서 교편을 잡았다. 미국에서 만난 C. 레비스트로스(Levi-Strauss)에게 구조언어학을 전수함으로써 1960,70년대 전세계 지성계를 풍미한 구조주의 열풍의 진원지가 되기도 했다. 연구 분야는 언어학뿐만 아니라 시학, 언어심리학, 정보이론 등 여러 분야에 걸쳐 있다.

4. 시장의 성격규정: 양분화하기

큰 것 / 작은 것, 좋은 것 / 나쁜 것, 밝은 것 / 어두운 것, 우리는 일상생활에서 이런 식으로 현상을 둘로 나누어 단순화시켜 이해하는 일에 매우 익숙하다. 사회가 아무리 다원화되고 복잡하게 얽혀 있어도 둘로 나누어 사고하는 일, 즉 이항대립적 사고는 인간의 본능에 가깝다. 로만 야콥슨(Roman Jacobson)■은 이항대립의 원리를 '인간이 개입되는 사회문

화적 의미체계들에 무의식적으로 작용하는 기본 메커니즘'으로 제시한 바 있다.

어릴 적, 달리기 시합을 할 때의 추억이 떠오른다. 뒤쳐져 달리는 아이가 앞서서 달리는 아이에게 '앞에 가는 도둑놈, 뒤에 가는 순경'이라며 겁을 주면, 앞서 달리던 아이는 겁을 먹고 뒤로 쳐지곤 했다. 그래서 순서가 바뀌면 앞서 달리는 아이가 이제는 다시 '앞에 가는 순경, 뒤에 가는 도둑놈'이라며 뒤의 아이를 놀렸다. 나이는 어렸지만, 자신에게 유리한 기준으로 상황을 양분함으로써, 긍정적 가치를 확보하는 방법을 알았던 것이다.

광고와 마케팅에서도 시장을 양분하여 소비자에게 선택의 기준을 단순화시켜주는 전략이 유용하게 활용될 수 있다. 방금 소개한 어린 시절 이야기처럼, 시장을 양분화 하여 단순화시키되 자사 제품에 유리한 기준에 의거하여 단순화시키는 것이 이 전략의 포인트이다. 시장에 이미 형성되어 있는 기준이 없다면 자사 제품에 유리한 기준을 제시해야 한다. 이미 형성되어 있지만 자사제품에 불리한 기준이 있다면 이를 부정하고 그럴듯한 새로운 기준을 제시해야 한다. 그렇게 해서 자사 제품의 상대적 우수성을 전달하려는 것이 이 전략의 궁극적 목표이다. 이것이 바로 '시장의 양분화를 통한 제품의 성격 규정'이다.

✓사례 1. 캐논 디지털 캠코더

그 첫번째 사례로서 캐논의 디지털 캠코더 광고 두 편을 보자. 두 편의 광고 모두 "디지털 캠코더의 선택, 캐논인가 캐논이 아닌가?"라는 키 카피를 중심으로 전개되어 있다. 첫번째 광고의 모델은 우리나라의 대표적인 영화 촬영감독(정일성)이고, 두번째 광고의 모델은 우리나라의 대표적인 사진작가(김중만)이다. 이들 광고에 나타난 전략의 핵심은 캠코더 시장을 캐논을 중심으로 양분했다는 것이다. 그러한 양분의 기준

캐논 디지털 캠코더 ▶

자체가 캐논에게 절대적으로 유리한 기준이다. 이름 있는 전문가 모델의 입을 빌려 그 전략이 표현됨으로써 신뢰를 더해주고 있다. 결국 이 광고들은 디지털 캠코더 시장이 캐논과 캐논이 아닌 것으로 양분된다는 주장을 통해 제품의 우수성을 말해주고 있는 것이다.

✓사례 2. 삼보 체인지업

다음은 삼보 체인지업이라는 컴퓨터 브랜드의 신문광고이다. 헤드라인은 "세상엔 두 가지 컴퓨터가 있다"이다. 그 두 가지 컴퓨터란 바꿔주

삼보 체인지업 ▶

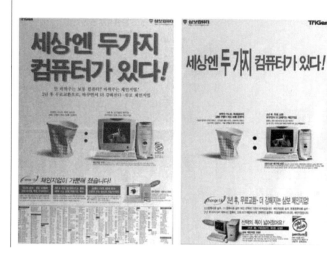

는 컴퓨터와 바꿔주지 않는 컴퓨터라는 사실이 카피로 정리되어 있다. 이 광고도 조금 전에 본 캐논 광고처럼, 자사 제품에 유리한 새로운 기준으로 시장을 양분함으로써 제품의 우수성을 알리는 전략을 펼치고 있다. 여기서 자사에게 유리한 기준이란 '바꿔주느냐 바꿔주지 않느냐'이겠다. 삼보 체인지업은 바꿔주는 컴퓨터이니까 안 바꿔주는 컴퓨터보다 당연히 우수하다는 주장일 것이다.

지금까지 '규정하기'의 수사적 방법에 대해서 살펴보았다. '규정하기'는 의도하는 목표 청중, 자사 제품 및 경쟁 제품의 범주와 성격 및 특징 등을 정해주는 일이라는 개념을 가지고 몇 가지 유형과 그에 따른 다양한 사례를 살펴보았다. 이를 통해 '규정하기'는 무한히 많은 대중 속에서 목표 청중을 호명하여 그들의 주목을 끌 수 있고, 제품의 경쟁상대를 명확히 지목하거나 제품이나 시장의 성격 혹은 범주를 분명히 제시함으로써, 광고 목표에 효과적으로 도달할 수 있는 방법임을 확인할 수 있었다.
광고는 많고 기억되는 광고는 적다. 어떻게 하면 과녁에 적중하는 광고를 만들 것인가라는 고민에 빠져 있을 때, '규정하기'는 그 훌륭한 돌파구가 될 수 있다.

07 명쾌한 해결사,
입증하기

입증하기의 개념과 효과

필자가 대학에 다니던 시절의 일화부터 소개하겠다. 그때는 버스 안에도 잡상인들이 올라와 물건을 파는 일이 흔했다. 어느 날 필자가 탄 버스에 올라온 잡상인이 팔던 물건은 양복감이었다. 그 당시만 해도 양복은 기성복을 사지 않고 양복감을 사서 맞추어 입는 일이 보편적이었다. 양복감을 손에 든 그 잡상인은 이렇게 말했다.

여러분, ㅊ 아나운서 아시죠? (그때 ㅊ은 인기 최고의 아나운서)
그 ㅊ 아나운서가 나오는 ㅈ라는 프로 아시죠? (그때 ㅈ는 최고 인기 프로그램 중 하나)
그 ㅈ 프로를 후원하는 ㅅ그룹 아시죠? (그때 ㅅ그룹은 신뢰받는 대기업)
그 ㅅ그룹에서 만드는 ㅅ복지 아시죠? (그때 ㅅ복지는 최고 품질의 양복감)
제가 오늘 갖고 나온 것이 바로 그 ㅅ복지와 똑같은 원단으로 만든 복지입니다. ……

결국 그가 말하고 싶었던 것은 자신이 파는 양복감의 품질이 좋다는 것이었다. 이를 '입증하기' 위하여, 그 양복감과 직접적인 관계가 전혀 없는 (그러나 매우 유명한) ㅊ아나운서, ㅈ프로그램, ㅅ그룹, ㅅ복지를 동원했던 것이다. 유명세를 동원한 입증하기인 셈이다. 그가 자신이 파는 제품의 품질을 입증하기 위한 노력은 가히 눈물겨웠다 할 것이다. 하지만 그의 어설픈 입증하기에 넘어가 더러 사는 사람도 있었으니, 그 노력이 전혀 무의미하지는 않았던 것 같다.

광고에서 중요한 것은 어떤 사실을 주장하는(claim) 데 있는 게 아니라, 그 주장을 믿게(believe)하는 데 있다. 주장에만 그치고 그 주장을 받쳐주는 근거가 부족하다면, 소비자들은 그 주장을 믿지 않을 것이고 결국 그 제품이나 브랜드에 마음을 뺏기거나 지갑을 열지 않을 것이다. 어떤 광고주이든 자신이 만든 제품을 최고라고 주장할 수 있겠지만, 문제는 소비자들이 그런 일방적인 주장을 잘 믿지 않는다는 데 있다. 따라서 광고를 만들 때 단순히 주장하는 데에 그쳐서는 안 되고, 그 주장을 받쳐주는(support) 근거를 제시하는 일에 더 큰 신경을 써야 한다. 그래야 소비자들이 그 제품이나 브랜드를 믿고 기꺼이 지갑을 열게 될 것이기 때문이다.

광고의 주장을 믿게 하기 위해 주장의 근거를 어떻게 지지해줄 것인가? '입증하기'가 바로 그 명쾌한 해결사가 될 수 있다. 광고에서 입증하기란 '구체적인 사실이나 사례, 숫자, 논거 등을 제시함으로써 광고의 키 클레임(key claim, 즉 핵심 주장)을 지지해주는 일'을 말한다. 소비자에게 구체적인 사실, 사례, 데이터, 논거 등을 증거로 들이대서 키 클레임을 부정할 여지를 없애주는 방법이다. 아무리 지능적인 범죄자도 증거를 들이대는 수사관을 당해낼 재간은 없다. 앞에서 소개한 잡상인도 많이 팔기 위해서는 주장만으로는 안 되고, 그 주장을 입증해야 한다는 사실을 본능적으로 알았던 것 같다. 물론 품질이 실제로 받쳐주었는지는 지금도 의문이지만 말이다.

앞에서 어느 정도 설명했지만, '입증하기'의 효과로 다음 몇 가지를 제시할 수 있다. 첫번째는 소비자들에게 광고의 주장이 믿을 수 있는 사실이라는 것을 보여줌으로써 제품에 대한 신뢰를 높여줄 수 있다는 점이다. 두번째는 소비자들에게 막연했던 개념을 구체적인 증거를 통해 보여줄 수 있다는 점이다. 세번째는 타사 제품과의 비교를 통하여 자사 제품의 상대적 우월성을 구체적으로 확인시켜 줄 수 있다는 점이다. 이제 이와 같은 효과를, 몇 가지 유형과 그에 따른 사례를 통하여 하나하나 체크해보겠다.

입증하기의 유형과 사례

1. 외국 사례 제시형

'입증하기'의 첫번째 유형은 '외국 사례 제시형'이다. 이것은 외국, 주로 선진국의 사례를 들어 광고의 주장을 입증함으로써 소비자의 신뢰를 얻는 방법을 말한다. 쉽게 말해서 '미국 사람들은 이렇게 한다더라' '영국 사람들은 저런 걸 쓴다더라' 등의 사례를 제시함으로써, '뭐, 정말이야? 그럼 나도 그렇게 해야 되겠네?' 하는 식의 행동을 유발시키려는 방법이다. 혹시나 사대주의적인 발상일 수도 있다는 지적받을 수도 있겠지만, 우리나라보다 앞선 선진국의 생활양식이 소비자들에게는 판단의 중요한 기준이 될 수 있기 때문에 설득력을 가질 수 있겠다.

✓사례 1. 자일리톨 껌
'외국 사례 제시형'의 첫번째 사례로서 자일리톨 껌의 TV광고 두 편이다. 키 카피는 각각 "핀란드에서는 단 것을 먹은 후에 자일리톨 껌을 씹습니다", "핀란드에서는 자기 전에 자일리톨 껌을 씹습니다"이다. 자일리톨 껌에 대한 새로운 사용형태를 알려주기 위해서 자일리톨 껌의

원산지인 핀란드의 사례, 즉 핀란드 사람들의 사용 형태를 제시하고 있
다. 핀란드 사람들도 그러니까 우리도 그래야 하지 않겠느냐 하는 얘기
다. '단 것을 먹은 뒤' 혹은 '자기 전'이라는, 핀란드 사람들의 구체적인
사용형태를 제시하고 있다. 핀란드는 우리에게 멀고 생소한 나라이므로
어느 정도 위험부담이 있었을 텐데, 자일리톨 껌 시장이 꽤 커진 것을
보면 핀란드라는 나라가 소비자들에게 제법 먹혀든 것 같다.

✓사례 2. 델몬트, 고려은단

델몬트에서 나온 파인애플 가공 제품의 2페이지짜리 잡지 광고이다.
첫번째 페이지의 헤드라인은 "미국의 주부들은 깎지 않는다?"이고, 비
주얼로 깎여지지 않은 파인애플과 칼이 보인다. 첫 페이지에서 이렇게
호기심을 불러일으킨 다음, 다음 페이지로 넘기면 "미국의 주부들은 바
로 먹습니다"는 헤드라인과 함께 반 정도 깎여 있는 파인애플의 모습이
보이게 된다. 미국 주부들의 사례를 통해, 깎지 않아도 되는 파인애플
제품의 우수성을 입증해주는 광고이다.

다음은 고려은단의 신문광고이다. 왼쪽에는 손에 들려 있는 은화가
보이고, 오른쪽에는 카피가 처리되어 있는데, 헤드라인은 "왜 미국의 서
부 개척자들은 우유에 은화 한 닢을 넣어 두었을까?"이다. 바디 카피에

는 은화가 몸에 좋다는 내용이 적혀 있다. 은단에 대한 욕구가 없거나 거부감을 갖고 있는 사람들에게, 미국의 서부개척시대의 사례를 통해서 은의 유용성을 입증해 주고 있다.

✓사례 3. 동원참치 광고, 노무현 후보의 광고

1980년대 말 우리나라에서는 참치 광고 전쟁이 치열하게 펼쳐졌는데, 그때 리딩 브랜드였던 동원 참치의 초창기 신문광고이다. "미국 사람의 97% 일본사람의 95%가 넘버원으로 꼽는 것이 참치 캔이다"라는 헤드

라인 아래 "까닭이 있죠"라는 서브헤드가 받쳐져 있
다. 그 아래 바디카피에는 미국이나 일본 사람들이 참
치 캔을 높이 평가하는 이유를 자세히 설명하고 있다.
이 광고가 집행될 때에는, 참치 캔의 시장 자체가 아직
제대로 형성되지도 못했다. 리딩 브랜드였던 동원참치
는 시장의 파이를 키우는 일이 먼저라고 생각하고, 이
광고에서 보는 것처럼 참치가 얼마나 건강에도 좋고

▲ 동원참치

영양분도 많은지를 미국과 일본의 사례를 들어서 입증해주는 전략을 선
택했던 것이다.

　다음은 2002년 대통령 선거 때 노무현 캠프에서 집행했던 신문광고
이다. "영국 국민들은 IMF를 부른 노동당에게 18년간 정권을 주지 않았
습니다. 미국 국민들은 경제공황을 가져온 공화당에게 20년간 정권을
주지 않았습니다"는 다소 긴 헤드라인이 눈길을 끈다. 정치 선진국이라
는 미국과 영국에서도 실정에 대한 심판이 오래 갔는데, 우리도 IMF를
부른 정당(즉 한나라당)에게 정권을 주면 되겠는가, 이 광고의 주장은 이
런 것이겠다. 단순히 IMF를 부른 정당에 표를 주지 말자고만 하면 그저
그러려니 하겠지만, 이렇게 영국과 미국의 사례를 들어 입증해주니까
공감의 폭이 훨씬 넓어지는 듯하다.

◀ 노무현 후보

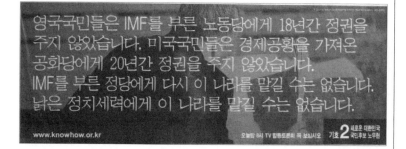

영국국민들은 IMF를 부른 노동당에게 18년간 정권을
주지 않았습니다. 미국국민들은 경제공황을 가져온
공화당에게 20년간 정권을 주지 않았습니다.
IMF를 부른 정당에게 다시 이 나라를 맡길 수는 없습니다.
낡은 정치세력에게 이 나라를 맡길 수는 없습니다.

www.knowhow.or.kr

오늘밤 8시 TV 합동토론회 꼭 보십시오　기호2 새로운 대한민국 국민후보 노무현

2. 사실 제시형

입증하기의 두번째 유형은 '사실 제시형'이다. 사실 제시형은 눈에 보이는 구체적인 사실을 제시함으로써 주장하는 바를 입증하는 방법이다. 실증(demonstration)광고라고 말하기도 한다.

✓ 사례 2. 대우전자 탱크주의

1990년대 초 대우전자는 '탱크주의'라는 슬로건으로 강력한 광고 캠페인을 펼쳤던 적이 있었는데, 그 광고 중 두 편의 TV광고이다. 각각의 광고에는 다음과 같은 대화 내용이 있다.

대우전자 탱크주의 ▶

주부: 어머 저래도 고장 안나요?
사장: 그럼요. 고장 없는 제품을 만들어야죠.

유인촌: 안 깨져요?
연구원: 탱크주의 제품이거든요.

이런 대화와 함께 TV와 냉장고가 얼마나 튼튼한 제품인지를 실제로 보여주는 장면이 나온다. 이 두 편의 광고는 '탱크주의'의 가장 중요한 내용인 튼튼한 제품이라는 메시지를 실연(實演) 곧 사실을 생생하게 제시함으로써 입증해주고 있다.

✓사례 2. 하이트 맥주

다음은 하이트의 '물 좋은 맥주' 캠페인 중 신문광고 다섯 편을 보겠다. '지하 150m 암반 천연수로 만든 맥주'라는 캠페인 슬로건 아래, 인쇄광고 뿐 아니라 TV광고를 통해서 강력한 캠페인을 펼쳤던 사례이다. '근본이 다른 맥주 하이트가 맥주 최초로 그 근본을 공개합니다' '콩 심은데 콩 나고, 좋은 물에 좋은 맥주 납니다', '모방불가', '하이트의 암반 천연수는 바로 고품질 생수' 등의 힘찬 헤드라인이 돋보인다.

이 광고 캠페인은 단순히 '물이 깨끗한 맥주', '맛있는 맥주'가 아니라 '지하 150m의 암반 천연수'라는 구체적인 말과 영상으로 그 깨끗함과 맛있음을 입증하고 있다. 지하 150m의 암반 천연수이므로 물이 좋고, 그 물로 만들어 맛이 좋다는 논리구조로 메시지를 명쾌하게 입증하고 있는 것이다.

◀ 하이트 맥주

✔사례 3. 구구콘

구구콘의 TV광고이다. 이 광고의 키 카피인 "그래서 500원입니다"는 한때 유행어가 되기도 했었다. 여기서 중요한건 '그래서'이다. 초콜릿 아이스크림, 마시멜로우, 아몬드, 캐러멜 등 맛있는 고급 성분이 들어 있기 때문에 500원이란 얘기다. 당시만 해도 콘이 500원이라면 상당히 높은 가격이었다. 콘의 가격이 대체로 2~300원이었기 때문에, 500원이면 상당한 가격저항을 예상할 수 있었을 것이다. 따라서 500원이 될 수 밖에 없는 이유를 설득시키지 않으면 소비자들이 이 제품을 외면할 수도 있는 것이다. 이 광고는 이처럼 고가의 콘에 대하여 예상되는 가격저항의 문제를 다양한 고급 성분의 함유라는 입증 방식으로 해결해내고 있다.

'입증하기'가 이 광고의 핵심이지만, '5가지 성분'과 '500원', '궁금하시죠?'와 '구구콘'의 두운(頭韻)을 이용한 편, 그리고 모델(최수종)의 재미있는 연기도 문제의 해결에 한몫하고 있다.

✔사례 4. 티코, 한라이트

다음은 우리나라 소형차의 원조 티코의 신문광고이다. 지금은 단종되었지만, 아직도 티코는 소형차의 대명사로 인식되어 있다. '그랜저 급이냐 티코 급이냐의 차이일 뿐 차떼기 한 것은 똑같다' 이런 식으로 아직도 일상적으로 많이 쓰이고 있다. 이 광고의 헤드라인은 "틈만 보이면 주차장"이다. 여러 큰 차들의 작은 틈새에 주차되어 있는 티코의 모습이 보이고 있다. 소형차의 장점인 주차의 편의성을, 비주얼을 통해서 확실히 입증해주고 있는 광고이다.

다음은 한라이트 강화유리 광고의 오래된 흑백 신문광고이다. 유리 위에 여러 사람(5명)이 올라가 있는 비주얼이 보인다. 약간 휘어지긴 했지만 깨지는 않았으니 강하긴 강한 모양이다. 헤드라인은 "다섯

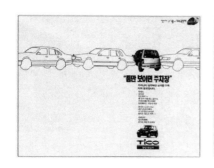

▲ 티코와 한라이트 강화유리

사람이 올라갔다. 한라이트 강화유리는 깨지지 않았습니다"이다. 한라이트 강화유리는 여간 해서 깨지지 않는 강한 유리이다, 이런 메시지를 구체적인 카피와 비주얼을 통해서 입증하고 있다. 이 광고에서 구체적인 시간과 장소, 그리고 실연에 참여한 사람들의 인적사항까지 적어 놓았다면 '입증하기'의 힘이 더 크게 느껴졌을 텐데 하는 아쉬움은 있다.

✓사례 5. Samsonite, Parker

▼ 샘소나이트

세계적인 가방 브랜드 샘소나이트(Samsonite)의 광고이다. 해외로 장기 출장 가는 사람들에겐 출장지에 가서도 날마다 갈아입을 양복, 와이셔츠 등 비즈니스를 위한 여러 옷들이 필요할 것이다. 현지에서 다시 구입하면 비용이 많이 드니 가져가야 하는데, 가져가자니 가방이 마땅치 않아서 고민할 때가 많다. 그래서 집에 있는 옷장을 그대로 가져갔으면 좋겠다는 생각을 할 수 있는데, 이 광고는 그런 비즈니스맨의 욕구를 잘 건드리고 있다.

헤드라인은 "우리에겐 위대한 아이디어가 있고, 그 아이디어를 날아가게 했다(We took a great idea, And made it fly)"는 내용이다. 옷장을 비행기에 태워 가져가겠다는 생각을 그대로 담아서 만들었다, 그러니 걱정 말고 이 제품을 사서 성공적인 비즈니스를 하라, 하는 내용을 담고 있다. 비주얼을 통해 옷장과 샘소나이트 가방의 내부를 함께 보여줌으로써, 옷장의 기능을 대신할 수 있는 여행용 가방이라는 점을 입증해주고 있는 것이다.

다음은 파커(Parker) 만년필 광고이다. 샘소나이트가 가방의 세계적인 브랜드라면 파커는 만년필의 세계적인 브랜드이다. 헤드라인은 "펜은 칼보다 강하다, 그리고 어떤 펜들은 다른 펜들보다 강하다(The pen is mightier than sword, and some pens are mightier than others)"는 내용이다. 앞의 말(펜은 칼보다 강하다)은 아주 유명한 속담인데, 이 속담에 뒤의 말(어떤 펜들은 다른 펜들보다 강하다)이 패러디 형식으로 덧붙여져 있는 형태이다. 펜은 칼보다 강한데, 펜이라고 다 똑같은 게 아니라 더 강한(좋은) 펜이 따로 있다는 내용이다.

다른 펜들보다 더 강한(좋은) 펜이란 어떤 펜인가가 중요할 텐데, 이 광고는 역사의 중요한 현장에서 사용되었음이 입증된 파커가 더 강하다(좋다)는 내용을 설득시키고 있다. 역사의 중요한 현장이란 이 광고에

파커 만년필 ▶

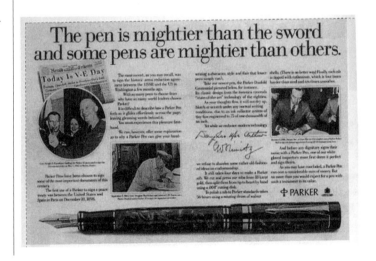

광고의 레토릭

나타나 있듯이, 맥아더 장군이 일본 군부 책임자와 항복 조인식
에 사인했던 선상 등이다. 반대로 말하면, 다른 만년필은 역사의
현장에서 중요한 역할을 못했기 때문에 파커보다 가치가 떨어
진다는 의미일 것이다.

✓사례 6. 옥스퍼드 광고

한국판 옥스퍼드 사전의 신문광고이다. "이것이 옥스퍼드 사
전의 차이"라는 헤드라인과 함께 옥스퍼드 사전과 다른 사전의
특정 항복을 비교한 비주얼이 이 광고의 핵심이다. 같은 항목을
소개해도 다른 사전에는 일러스트도 없고 내용도 빈약하지만,
옥스퍼드 사전은 내용도 풍부하고, 일러스트도 보여주는 좋은 사전이라
는 사실을 구체적으로 입증해주고 있다.

▲ 옥스퍼드
▼ 게토레이

3. 논거 제시형

입증하기의 세번째 유형은 '논거 제시형'이다. 논거 제시형은 광고의
키 플레임을 뒷받침하기 위해 외국의 사례나 구체적인 사실을 제시하
는 것이 아니라 '논리적인 근거'를 제시하는 방법을 말한다.

✓사례 1. 게토레이

첫번째 사례는 게토레이의 광고이다. "갈증 해소를 위한 음료/ 달지
않아야 한다. / 물보다 흡수가 빨라야 한다. / 몸 전체를 적셔야 한다"는
키 카피로 구성되어 있다. 기존의 '스포츠드링크'를 '갈증해소를 위한
음료'로 새롭게 포지셔닝하면서 그 객관적 기준을 논리적으로 제시하
고 있다. 궁극적으로 게토레이는 그 기준에 맞는 제품이라는 사실을 말
해줌으로써 게토레이의 우수성을 입증해주고 있는 것이다. 다른 제품은

■ 세계적인 마케팅 전략가이자 마케팅 컨설턴트로서, 『포지셔닝』, 『마케팅 불변의 법칙』 등의 공저로 우리나라 독자들에게도 친숙한 인물들이다.

그 기준에 맞지 않다는 내용이 암시되어 있다. 실제로 그런지는 따져볼 일이지만, "마케팅은 제품의 싸움이 아니라 인식의 싸움"이라는 알 리스와 잭트라우트(Al Ries & Jack Trout)■의 말을 기억한다면 인식의 싸움에서 승리할 수 있었던 조건을 이 광고는 갖추고 있는 것이다.

✓사례 2. 트롬 세탁기

다음은 드럼 세탁기 트롬의 TV광고이다. 이 광고는 '오래오래 느끼고 (입고) 싶어서'라는 캠페인 슬로건 아래, "햇살처럼 하늘하늘 날려주니까, 꼭 트롬으로 세탁합니다"라는 키 카피로 구성되어 있다. 트롬으로 세탁하는 이유, 즉 사용의 논리적 근거를 명시함으로써 제품의 우수성과 사용의 당위성을 말해주고 있는 광고이다.

트롬 세탁기 ▶

TV광고와 연계된 트롬의 잡지 광고 두 편을 보겠다. 두 편 다 두 페이지짜리 잡지 광고이다. 첫번째 잡지광고를 보자. 첫번째 페이지의 헤드라인은 "아가야 입으면 기분 좋지? 왠줄 아니?"이고, 두번째 페이지의 헤드라인은 "아기 옷은 위생이 첫째니까 꼭 트롬"이다. 두번째 잡지 광고를 보자. 첫번째 페이지의 헤드라인은 "한겨울에도 뽀송뽀송 기분 좋은 이불이 있다. 왜일까?"이고 두번째 페이지의 헤드라인은 "이불빨래는 건조가 중요하니까 꼭 트롬"이다. 모두 트롬을 사용해야 하는 논리적 근거가 제시되어 있다.

◀ 트롬 세탁기

✓사례 3. LG FLATRON

다음은 **LG FLATRON**이라는 평면 모니터 브랜드의 해외광고이다. 영어로 된 헤드라인을 직역하면, "지각은 종종 사실을 바꿀 수 있다 (perception can often alter reality)"인데, 풀어보면 '보고 느끼는 것과 객관적 사실은 다를 수도 있다'는 내용일 것이다. 그 내용을 전달하기 위해, 착시 현상을 인지 심리학적으로 설명하고 있는 두 가지 비주얼을 사용하고 있다. 이 광고는 궁극적으로 평면 모니터의 장점을 인지 심리학 (cognitive psychology)■의 이론을 논거로 제시함으로써 제품의 장점을 입증하고 있다.

■ 외부로부터 관찰할 수 있는 행동만을 대상으로 하는 행동주의 심리학에 대응해, 인간 마음의 내부구조와 작용과정의 해명을 목표로 하는 과학적·기초적 심리학의 한 분야.

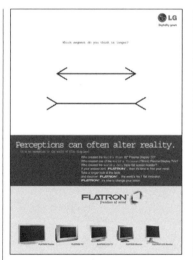

✓사례 4. 해피랜드

해피랜드라는 유아복 브랜드의 잡지광고 두 편이다. 각각의 헤드라인
은 "아기 옷은 빨아먹을 수 있어야 합니다"와 "아기 옷은 햇솜이어야

해피랜드 ▶

합니다"이다. 이 광고는 모두 아기 옷의 자격 기준의 근거, 즉 빨아먹을 수 있어야 하고 햇솜이어야 한다는 사실을 논리적으로 제시하고, 해피 랜드는 그 기준에 부합하는 제품임을 알려줌으로써 제품의 우수성을 입 증해주고 있다.

4. 숫자 제시형

다음은 입증하기의 네번째 유형으로써 '숫자 제시형'을 소개하겠다. 숫자 제시형은 숫자라는 객관적이고 과학적인 도구를 통해서 제품의 키 클레임을 입증하는 형태를 말한다.

✔사례 1. 독서권장, 여성폭행방지 공익광고

독서를 권장하는 내용의 공익 광고를 보자. 헤드라인은 "하루 15분이 면 40년 후엔 천 권을 읽게 됩니다"이다. 헤드라인 밑에는 "천 권의 독 서량이면 대학을 다섯 번 졸업한 것과 같습니다"는 카피가 적혀 있다. 독서는 좋은 것이다, 책을 읽어야 사람이 된다, 책은 마음의 양식이다, …… 누구나 어릴 적부터 책을 읽으라는 말을 수도 없이 듣고 자랐기 때문에 이런 거창한 경구만으로는 독서를 유도하기가 어렵다. 그렇기 때문에 이 광고의 카피처럼 독서의 효용을 구체적인 숫자로 제시하면 독서의 효능이 명쾌하게 입증되어 행동 유발의 효과가 훨씬 더 클 수 있을 것이다.

◀ 독서권장 공익광고

▲ 여성폭행방지 공익광고

다음은 미국의 여성폭행방지 협회(The Violence Against Woman Coaliation)에서 만든 공익광고이다. 헤드라인은 "일생에 버스 사고 당할 확률은 1/231,554,550, 성폭행 당할 확률은 1/4"이다. 성폭행 당할 확률이 버스 사고 당할 확률보다 크다고, 그것도 이처럼 엄청나게 크다고 생각한 사람은 아마 그리 많지는 않을 것이다. 매우 구체적인 수치를 제시함으로써 성폭행 사고에 대한 경고가 훨씬 생생하고 현실적인 힘을 얻고 있다.

✓사례 2. 현대자동차 기업광고, 엑셀 프레스토 AMX

다음은 "엑셀 한 대를 수출하면 원유 약 250드럼을 살 수 있다"는 헤드라인의 현대자동차 기업광고이다. 헤드라인을 예컨대 "현대자동차는 엑셀을 수출함으로써 많은 외화를 벌고 있습니다"라고 했다면 막연하고 근거 없는 자랑에 그쳤을 것이다. 그런데 이 광고의 헤드라인은 현대자동차의 외화 획득 정도를, 엑셀 한 대를 수출했을 때의 마진을 원유로 환산해서 구체적으로 제시하고 있기 때문에 매우 설득적이다.

현대자동차와 엑셀 프레스토 ▼

그런 구체적인 수치를 통해 현대자동차의 국가적인 역할을 입증해 주고 있는 광고이다.

지금은 단종된 엑셀 프레스토 AMX라는 승용차의 광고이다. 100만 원을 할인해주는 이벤트 고지 광고인데, "1분만 읽고 10분만 생각하면 100만 원이 절약된다"는 헤드라인이 아주 재미있다. 잠깐만 읽고 조금만 깊이 생각하면 100만 원이 절약될 수 있다는 컨셉트로 표현하려 했었을 것이고, 그런 표현 컨셉트가 결국 1분과 10분, 100만 원이라는, 숫자로 운율을 맞춘 헤드라인으로 정리가 된 것으로 보인다. 그냥 '잠시' '조금' 이렇게 얘기하는 것보다 '1분' '10분' 이렇게 얘기하면 훨씬 더 설득력이 클 것이다. 그것이 바로 숫자가 가지는 마력이다. 이 광고는 숫자가 가진 그러한 마력을 재미있게 살려서 이벤트의 효용을 재미있게 입증해주고 있다.

✓사례 3. 프라이드

역시 지금은 단종된 프라이드라는 승용차의 1990년대 중반 광고이다. 헤드라인은 "87년식 프라이드, 아직도 71%가 운행 중"이다. 제품의 주된 장점인 '내구성'과 '잔고장 없음'이라는 메시지가 빽빽한 바디카피

◀ 프라이드

속에 담겨 있다. 프라이드 차는 오래 탈 수 있다, 잔 고장이 없어서 수명이 길다, 단순히 그렇게만 말하면 설득력이 떨어질 것이다. 그 대신 87년식 프라이드의 71%가 아직도 운행 중이라고 말하면 내구성, 잔고장 없음 뭐 이런 개념적 언어를 굳이 사용하지 않아도 그 메시지가 설득력 있게 전달될 수 있는 것이다. 이 광고가 나갔을 때로부터 약 10년 전에 생산된 제품 중 아직도 71%가 운행되고 있다면 상당히 높은 수치 아닌가? 이 광고 역시 수치가 갖는 객관적인 힘을 통해 제품의 우수성을 입증하고 있는 것이다.

지금까지 '입증하기'에 관하여 살펴보았다. 광고에서 주장만 있고 그 주장을 뒷받침하는 근거가 없다면 사람들은 그 주장을 믿지 않을 것이다. 어떻게 하면 주장을 믿게 할 것인가? '입증하기'는 주장을 믿게 하기 위한 방법 중에서 가장 강력한 방법 중 하나이다.

광고에서 입증하기를 다시 한번 정의 하면, "구체적인 사실, 숫자, 논거, 사례 등을 제시함으로서 광고의 키 클레임(key claim; 핵심적인 주장)을 지지해주는 일"이다. 지금까지 입증하기의 유형에는 외국 사례 제시형, 사실 제시형, 논거 제시형, 숫자 제시형이 있음을 살펴보았다. 그리고 이에 따른 다양한 사례들을 통해, 입증하기는 소비자들에게 광고의 주장이 믿을 수 있는 사실임을 보여줌으로써 제품에 대한 신뢰를 갖게 할 수도 있고, 소비자들에게 막연했던 개념을 구체적으로 확인시킴으로써 즉각적인 행동을 유발할 수 있으며, 타 제품과의 비교를 통해서 제품의 우수성을 제시할 수 있음을 알 수 있었다.

제품만으로는 주장할 수 없고, 주장만으로는 믿게 할 수 없다. 믿게 하려면 입증해야 한다. 그래야 브랜드를 좋게 알리고 제품을 잘 판매할 수 있다.

08 이유 있는 뻥,
과장하기

과장하기의 개념과 효과

광고에서 '무엇을 말할 것인가(what to say)'는 매우 중요하다. 하지만 그것 못지않게, 때로는 그것보다 더 중요한 것이 바로 '어떻게 말할 것인가(how to say)'이다. 우리 속담에도 '아 다르고 어 다르다'라는 말이 있다. 같은 내용이라도 말하는 방법에 따라서 결과는 엄청나게 다르다는 뜻이다. 말하는 방법을 조금만 바꿈으로써 엄청나게 다른 결과를 가져올 수 있다면, 우리는 그 방법에 주목할 필요가 있다.

광고를 쉽게 정의한다면, 이 제품이 다른 제품보다 좋으니까 사라는 메시지이다. 이 제품이 다른 제품보다 좋다고 얘기할 때, 자사제품의 특성이나 제품 간의 차이를 솔직하게 곧이곧대로 말할 수도 있겠지만, 때로는 그것을 사실보다 더 크게 부풀려서 말할 수도 있다. 자사제품의 특성이나 제품 간의 차이를 실제보다 더 크게 부풀려서 말하는 일, 그것이 바로 광고에서의 '과장하기'이다. 사실 모든 광고는 어느 정도 '과장하기'의 요소를 담고 있다.

과장하기는 시쳇말로 '뻥', 즉 거짓말하고는 다르다. 거짓말이나 뻥이 사실에 근거하지 않은 주장을 뜻한다면, 과장하기는 사실을 근거로 삼되 일정하게 부풀려서 표현하는 방법이기 때문이다. 따라서 광고에서 '과장하기'는 뻥이긴 하되 '이유 있는 뻥' 곧 근거가 확실한 뻥이라고 말할 수 있겠다.

과장하기와 밀접하게 관련이 있는 표현방법이 반어(反語)와 역설(逆說), 그리고 허풍(虛風)이다. 반어와 역설은 결과적으로 사실보다 부풀려진 메시지를 전달한다는 점에서 과장하기의 일종이며, 허풍은 '지나친 과장'이라는 뜻이므로 역시 과장하기의 범위 안에 묶을 수 있다.

그럼 과장, 반어, 역설, 허풍의 개념을 하나하나 살펴보도록 하자. 먼저 과장(exaggeration)은 앞에서도 말했지만, '사실보다 부풀려서(혹은 떠벌려서) 표현하는 일'을 말한다. 예를 한번 들어 보자. '白髮이 三千長이다'는 표현이 있다. 흰 머리카락이 아주 길다는 뜻이다. 그런데 머리카락이 아무리 길어도 '삼천장'이 되기는 어렵다. 아주 길다는 의미를 부풀려서 표현하고 있는 것이다. 또 '눈물바다'라는 표현이 있다. 눈물을 너무 많이 흘려서 마치 바다를 이루었다는 뜻이겠지만, 눈물을 아무리 많이 흘려도 실제로 바다가 될 수야 없다. 이 역시 사실보다 부풀려서 표현했기 때문에 과장하기에 해당한다.

'간에 기별도 안 간다'는 표현도 과장의 일종이다. 아주 조금 먹었다는 의미를 이렇게 사실보다 훨씬 축소해서 표현한 것인데, 아무리 조금만 먹었기로서니 간에 기별이 안 가기야 하겠는가? 여기서 알 수 있듯이, 일반적으로는 사실보다 확대하는 경우가 과장이지만, '간에 기별도 안 간다'는 표현처럼 사실보다 축소하는 경우도 과장하기로 규정한다는 점을 알아둘 필요가 있다.

허풍은 앞에서도 설명했듯이 '지나친 과장'이다. 거짓말이나 뻥처럼 명백히 사실이 아닐 정도는 아니지만, 그렇다고 사실을 그저 조금 부풀려 말하는 정도도 아닌 경우이다. 과장과 뻥의 중간쯤 된다고 할까? 과장과 허풍의 기준은 사실 다소 애매한 구석이 있다.

다음은 반어(irony)의 개념이다. 반어는 '겉으로 드러나는 내용과 속에 숨겨져 있는 내용을 서로 다르게 표현하는 방법'이다. 나타내는 것과 실제로 뜻하는 것이 서로 다르다는 것이다. 따라서 반어의 경우 표현된 진술 자체에는 문제가 없지만, 진술된 언어와 이것이 지시하는 대상, 그리고 숨겨진 의미 사이에 모순이 생기는 특징을 갖고 있다. 예를 한번 들어보자. 일상적으로 어떤 사람이 무엇을 잘못 했을 때 우리는 '잘~ 한다'고 빈정거린다. 잘 한다는 뜻이 아니라 사실은 잘 못한다는 뜻이디. 이 경우, 겉으로 드러난 표현과 실제로 의도한 의미가 전혀 다르다. 이런 표현 방법이 바로 반어이다. 이와 비슷한 표현으로 '잘났다'도 즐겨 쓰인다. 표현은 '잘났다'이지만 의미는 '못났다' '싫다'이다. 따라서 이 표현 역시 겉으로 표현된 것과 속에 숨겨져 있는 뜻이 다르기 때문에 '반어'인 것이다.

그 다음에는 '역설(paradox)'을 살펴보자. 역설은 모순을 통한 메시지 전달이라는 점에서는 반어와 같다. 하지만 역설이 반어와 다른 점은, 반어는 표현된 진술 자체에는 모순이 없지만 역설은 진술 자체에 모순이 생긴다는 것이다.

역설의 예를 한번 들어보자. '生卽死 死則生' 이라는 충무공의 말씀이 있다. '죽는 것이 곧 사는 것이요, 사는 것이 곧 죽는 것이다'는 뜻인데, 우리의 상식과는 다른 이야기 아닌가? 우리의 상식이란 죽는 건 죽는 거고 사는 건 사는 것이니까. 그렇기 때문에 진술 자체에 모순이 있다는 것이다. 이런 표현상의 모순을 통하여 이 어구가 뜻하는 바는 죽도록 노력하면 살고, 살기 위해 애를 쓰면 오히려 죽는다는 뜻이 된다. 예를 두 개만 더 들어 보자. '소리 없는 아우성'이라는 시구가 있다. 일상적으로 아우성은 소리가 없어야 되고 소리가 있다면 아우성이 아니다. '찬란

한 슬픔'이라는 시구도 있다. 일상적으로 슬픔은 찬란하지 않고 찬란하다면 슬프지 않아야 한다. 이 두 개의 시구를 보면, 표현된 부분에서 분명한 모순이 있다. 하지만 그런 모순적인 진술을 통해, 깃발의 힘찬 펄럭임이나 모란의 독특한 아름다움에 대한 메시지를 매우 인상적으로, 즉 과장해서 전달하고 있다. 그것이 바로 역설의 힘이다.

광고에서도 반어와 역설을 포함하여 과장하기의 수사적 표현을 즐겨 사용하고 있다. 다음 몇 가지 이유 때문이라고 생각된다. 첫번째는 강한 주목과 호기심을 불러일으킬 수 있다는 점이다. 두번째는 제품의 경쟁적 차별점을 극대화할 수 있다는 점이다. 세번째는 제품의 기능과 효과를 극적인 방법으로 재미있게 전달할 수 있다는 점이다. 이제, 다양한 유형과 사례를 통해 과장하기의 이러한 효과들을 자세히 살펴보자.

과장하기의 유형과 사례

1. U.S.P.의 과장

과장하기의 첫번째 유형은 'U.S.P.(Unique Selling Proposition)의 과장'이다. U.S.P.란 잘 아시다시피 우리말로는 '독특한 판매 제안'이다. 다른 제품과 차별화 되는 특별한 요소를 뜻한다. 갈수록 기술은 고도화되고 정보는 공유되므로, 기술이나 성분 등 제품 간 물리적 요소의 차이는 점점 줄어들고 있다. 따라서 현대 광고의 중요한 역할 중 하나는 작은 차이를 큰 차이인 것처럼 표현하는 일이다. U.S.P.의 과장이란 바로 이처럼 작은 차별화 요소를 매우 큰 것인 양 부풀려서 표현하는 방법을 말한다. U.S.P.의 과장에 해당하는 광고의 사례는 수 없이 많지만, 그 중 몇 편을 소개하겠다.

✓사례 1. 파빅스 싱싱아

파빅스 싱싱아라는 냉장고용 그릇의 TV광고이다. 용기
가 마치 생물처럼 살아 숨쉬는 듯한 장면을 연출해내고
있다. 싱싱하게 살아난다는 메시지를 이처럼 과장되게 표
현하고 있다. 다음은 TV광고와 연계된, 파빅스 싱싱아의
신문광고로, "딸기가 밭으로 돌아간다"는 헤드라인이 보
인다. 이미 밭에서 따낸 딸기를 파빅스 싱싱아에 넣어두면
밭에 있었을 때의 싱싱함이 그대로 유지된다는 의미일 것

▲ 파빅스(인쇄)

이다. 아무리 싱싱해진다고 하더라도 딸기가 밭으로 돌아갈 수는 없다.
싱싱해진다는 U.S.P.를 극단적으로 과장해서 이렇게 표현하고 있는 것
이다.

◀ 파빅스(TV)

✓사례 2. 베스타

지금은 단종된 베스타라는 승합차의 신문광고이다. 차안
의 시트를 펼치면 마치 침대같이 편안하고 포근하고 안락하
다는 메시지를 "침대인가? 시트인가?"라는 헤드라인으로 표
현하고 있다. 시트가 아무리 편안하다고 해서 침대만큼 될
수야 없다. 시트가 편안하다는 U.S.P.를 과장하기를 통해 이
렇게 표현한 것이다.

▲ 베스타

✓사례 3. 동보 노빌리티

동보 노빌리티라는 아파트 브랜드의 광고이다. 헤드라인은 "365일 호

텔에 사는 기분"이고, 호텔같이 고급스러운 분위기가 비주얼로 표현되어 있다. 아파트가 얼마나 고급스럽고 품격이 있으면 호텔에 사는 기분을 줄까, 하고 궁금증을 자아내게 한다. 아파트가 아무리 고급스러워도 호텔이 될 수야 없을 것이다. 그렇지만 호텔을 빗대어, 최고급 자재의 고품격 인테리어라는 U.S.P.를 과장하고 있는 것이다. 아파트 광고는 이런 식의 과장하기를 아주 많이 활용하고 있다. 그것이 심하면 소비자를 속이는 기만 광고가 되기도 한다.

▲ 동보 노빌리티

✓사례 4. 기아 Y-CAR

나중에 프라이드로 명명된 기아 **Y-CAR**의 광고이다. "기름 냄새만 맡아도 간다는 승용차, 언제 나옵니까?"라는 의문형 헤드라인이 매우 인상적이다. 이 제품의 U.S.P는 '기름을 덜 먹는 차', 그래서 '연비가 높은 차'인 듯하다. 그 내용을 '기름 냄새만 맡아도 간다는 승용차'라고 재미있게 차를 의인화하여 표현하고 있다. 술을 못하는 사람에게 '보리

밭에만 가도 취하는 사람'이라고 하지만, 아무리 술에 약해도 보리밭에만 가도 취한다는 건 분명 과장이다. 마찬가지로 연비가 아무리 높다 해도 기름 냄새만으로 차가 갈 수는 없으니 역시 과장임이 분명하다. 하지만 과장이라고 해도 꽤나 애교 있는 과장이겠다.

▲ 기아 Y-CAR

✓사례 5. 슈발리에

슈발리에라는 구두 브랜드의 광고이다. 우선 비주얼을 보면 여자의 날씬한 다리가 보이고, 그 너머에는 약간 위에서 본 도시의 전경이 펼쳐져 있다. 이 광고의 헤드라인은 "7cm 위에서 내려다보면 세상이 바뀐다"이다. 즉 높은 굽을 신으면 세상이 뭔가 새롭게 보인다, 마치 세상의

주인이 되는 것 같은 느낌을 갖게 된다, 이런 메시지를 전달하고 있다. 아무리 굽이 높은 신발을 신었다 해도 세상이 바뀔 리야 있겠는가? 심리적인 느낌의 차이를 그렇게 과장해서 표현하고 있는 것이다.

▲ 슈발리에

✔사례 6. 카파 그래피

카파 그래피라는 시계 브랜드의 신문광고이다. 이 시계의 U.S.P.는 칼라와 디자인이 뛰어난 시계라는 것인데, "파란 시 노란 분 빨간 초, 이것이 디자인워치 카파 그래피"라는 헤드라인에 그것을 매우 인상적으로 담고 있다. 시(時), 분(分), 초(抄)를 숫자가 아니라 '파란', '노란', '빨간' 이라는 형용사로 수식하여 '디자인이 뛰어난 컬러풀한 시계'라는 U.S.P.를 절묘하게 표현하고 있는 것이다. '시'나 '분'이나 '초'가 파랗거나 노랗거나 빨갈 수는 없으니까, 제품의 U.S.P.를 심리적으로 과장한 광고라고 할 수 있겠다.

▲ 카파 그래피

2. 상황의 과장

'과장하기'의 두번째 유형은 '상황의 과장'이다. 과장된 상황 속에서 제품의 특장점을 전달하는데, 대체로 유머러스한 스토리 구성으로 전개된다.

✔사례 1. 롯데리아 시리즈

롯데리아의 TV광고는 상황의 과장을 통하여 제품의 특장점을 전달하는 방법을 즐겨 사용하는데, 그에 해당하는 3편의 광고를 차례로 보겠다.

더블버거 ▶

듀엣세트 ▶

리브샌드 ▶

먼저 더블버거 광고이다. 더블버거란 햄버거가 두 개 들어 있는 제품이다. 키 카피는 "두개도 모자랄 때가 있다"이다. 시골 간이역에서 메인 모델(양미경)과 좀 뻔뻔한 할머니 사이에서 벌어지는 해프닝을 통해, 더블버거의 용도를 아주 유머러스하게 표현하고 있다. 햄버거 두 개를 모두 빼앗아가는 상황이 매우 과장되어 표현되었기 때문에 웃음을 유발하게 되는 것이다.

다음은 듀엣세트라는 제품의 광고인데, 키 카피는 "죽어도 같이 가는 거야"이다. 전쟁이라는 극단적인 상황을 설정하고, 그 상황 속에서 제품의 특징(둘이서 먹을 수 있음)이 아주 재미있게 전달되고 있다. 전쟁이라는 상황 자체가 엄청난 과장임이 분명하다. 그런 과장된 상황 속에서 제품의 특징이 극대화되어 표현되고 있다.

다음은 리브샌드라는 제품의 가격인하 광고이다. 키 카피는 "아무리 말려도 내려갑니다"라고 되어 있다. 놀라울 정도로 가격이 내려갔다고 하는 메시지를 스키장에서의 과장된 연출을 통해서 전달하고 있다. 여기서 가격인하와 스키장은 '내려간다'는 의미를 공유하고 있으므로 은유의 표현에 해당된다.

✓사례 2. 018 투넘버 서비스 시리즈

018의 투넘버 서비스 광고이다. 투넘버 서비스란 전화번호를 두개 제공하는 서비스이다. 키 카피는 '묻지마, 다쳐!'인데 오랫동안 유행어가 되었다. 번호가 두개이기 때문에 두 가지 용도로 사용할 수 있다는 게 서비스의 주된 혜택인데, 그 두 가지를 두 사람의 이성에 양다리 걸치기의 용도로 사용할 수 있다는 상황 구성을 통해 유머러스하게 표현하고 있다. 이 광고에서 과장된 상황은 심각한 표정으로 말하는 "다쳐!"라는 키 카피로 잘 표현되어 있다. 비즈니스 혹은 정치적 이유로 많이 쓰이는 이 말이 이 광고와 같이 가벼운 상황에서 등장하기 때문에 과장이라는 것이다. 그러한 과장 때문에 웃음이 나온다.

✓사례 3. 메르세데스 벤츠

다음은 메르세데스 벤츠의 신문광고이다. 차가 산길을 달리는 비주얼과 어우러져 있는 "사자가 자세를 바꾸면 밀림이 긴장한다"는 헤드라인이 시선을 끈다. 이 카피에서 사자는 벤츠의 은유이며, 밀림은 좁게는 자동차 시장의 경쟁상황, 넓게는 세상의 은유로 해석할 수 있겠다. 이 은유적 헤드라인을 원관념으로 환원하여 카피를 재구성하면, "벤츠가 새로워지면

사자가 자세를 바꾸면, 밀림이 긴장한다

The new S-Class

벤츠 ▲

▲ 018 **투넘버** 서비스

온 세상이 관심을 갖는다" 정도가 되지 않을까 싶다. 하지만 아무리 벤츠가 더 새로워졌다고 온 세상이 관심을 갖기야 하겠는가? 그런 과장을 통해 벤츠가 그만큼 주목받는 차라는 메시지를 전달하려는 의도일 것이다.

3. 타깃의 과장

과장하기의 세번째 유형으로 '타깃의 과장'을 소개하겠다. 광고 타깃, 즉 목표 청중의 현재 심리나 생각, 혹은 제품 사용 후의 상태를 사실보다 부풀려서 표현하는 방법이다.

✓사례 1. 리젠시 사원모집
지금은 없는 리젠시라는 광고 대행사의 사원모집 광고이다. 비주얼은 없고 카피로만 구성된 광고이다. "이런 사람"이라는 헤드라인 아래 다음과 같은 바디카피가 쏙쏙 읽힌다.

▲ 리젠시 사원모집

최고가 되길 원하는 사람 / 최저가 될 수도 있는 사람 / 예술가와 판사의 기질을 함께 가진 사람 / 사흘 연이어 밤을 새울 수 있는 사람 / 사흘 동안 계속 잘 수도 있는 사람 ……

여러 가지 서로 극단적인 내용들이 대구로 재미있게 표현되어 있다. 카피의 내용을 요약하면, 일에의 몰입과 자유로운 삶을 동시에 추구하는 사람을 찾는다는 것이다. 이런 사람이 되는 것이 모든 젊은이의 희망일 수는 있겠지만, 실제로는 아마 존재하지 않을 것이다. 따라서 타깃의 욕구를 과장해서 표현하고 있는 광고로 해석할 수 있다.

✓사례 2. 그랑페롤

그랑페롤이라는 이름의 영양제 광고이
다. 그랑페롤은 중년에 필요한 영양분을
담은 약인 듯하다. 헤드라인은 "알고 보
니 同期同窓"이고 비주얼은 두 중년여성
의 모습이다. 비주얼상 두 사람은 열 살
정도 차이가 날 것 같은데, 헤드라인에는

▲ 그랑페롤

분명 동기 동창이라고 말하고 있다. 실제 이런 상황이 있을 수도 있겠지
만, 그래도 현실을 과장해서 표현하고 있다고 봐야 할 것이다. 나이보다
젊게 살려면 그랑페롤을 사용해야 한다는 메시지를 이처럼 과장된 방법
으로 전달하고 있는 것이다. 그랑페롤 광고는 이것 말고도 "알고 보니
부자지간(父子之間)", "알고 보니 자매지간(姉妹之間)" 따위의 헤드라인
을 사용하여 시리즈로 집행되었는데, 모두 비슷한 과장하기의 방법을
사용했다.

✓사례 3. 말벌 100km

말벌 100km라는 스포츠 드링크의 광고이다. "42.195
km를 달리고도 한 번 더 달리는 사람"이라는 헤드라인과,
팔팔한 남자와 지친 남자가 대비된 비주얼로 구성되어 있
다. 42.195km는 마라톤의 풀코스 거리이다. 이봉주 선수
라도 마라톤 풀코스를 완주한 후에는 아마 더 이상 달릴
수 없을 것이다. 그렇지만 이 광고는 제품을 마시면 한 번

▲ 게토레이

더 달릴 수 있다는 듯이 말하고 있다. 스포츠맨에게 힘과 에너지를 준다
는 내용을 이렇게 과장해서 표현하고 있는 것인데, 과장이 심해서 허풍
에 가까운 광고이다.

▲ 삼성건설

4. 지리를 이용한 과장

과장하기의 일곱번째 유형은 '지리를 이용한 과장'이다. 지명 등 지리상의 특징이나 지도상의 위치를 이용해서 과장된 표현을 하고 있는 광고를 말한다. 대체로 제품이 위치한 지역, 기업의 국적, 또는 시의성 있는 지리적 화제 등을 많이 이용한다.

✓사례 1. 삼성건설

먼저 삼성건설의 기업광고를 보겠다. "말레이시아의 하늘을 끌어내려라!"는 도발적인 헤드라인과 함께, 삼성건설이 말레이시아에 건축한, 아마도 세계에서 가장 높은 빌딩의 모습이 앙각(仰角)으로 올려다 보이고 있다. 아무리 높은 건축물을 짓는다고 해도 하늘을 끌어내릴 수는 없는 것이지만, 이런 과장된 표현을 통해서 최고의 건축물을 짓겠다는 기업의 의지가 힘차게 전달되고 있다.

▲ 중국문화대전

✓사례 2. 중국문화대전

중국문화대전이라는 전시회를 알리는 광고이다. 헤드라인은 "지금 중국엔 문화유적이 텅 비어 있다"이고 비주얼은 이 헤드라인에 맞게 중국부분이 비어 있는 동아시아 지도이다. 이 광고는 중국의 모든 중요한 문화 유적들이 우리나라에서 전시중이기 때문에, 중국에는 문화유적이 하나도 없다고 표현하고 있다. 우리나라에서 아무리 중요한 문화유적을 전시한다고 해서 중국 땅의 문화유적이 텅 비어 있다는 건 이만저만한 과장이 아니다. 그렇게 표현할 수 있을 정도로, 중국의 중요한 문화유적을 전시하고 있다는 메시지를 이 광고는 극도의 과장을 통해서 전달하고 있는 것이다. 이 광고 역시 다분히 허풍의 성격을 띠고 있다.

✓사례 3. 푸조(PEUGEOT)

프랑스산 자동차 푸조의 신문광고이다. "프랑스가 독일을 침공했다"는 헤드라인이 마치 2차대전 때를 연상케 한다. 단, 프랑스와 독일의 위치를 바꿔야 하겠지만, 내용인 즉, 프랑스산인 푸조가 독일 시장에 진출하여 독일의 여러 가지 명차들을 제치고 인기를 얻고 있다는 것이다. 자동차 브랜드 하나가 어떤 나라에 들어갔다고 해서 그

▲ 푸조(PEUGEOT)

나라를 침공했다고 표현하는 것은 분명 과장이다. 푸조의 세계적인 명성을 이렇게 과장된 수사법에 빌어 표현하고 있는 것이다.

✓사례 4. 씨크라우드 부산

'씨클라우드 부산'이라는 이름의 주상복합건물 분양광고이다. "해운대 바다를 샀습니다"가 헤드라인이다. '씨클라우드 부산'을 분양받으면 마치 해운대 바다를 산 것 같은 효과를 누릴 수 있다는 메시지를 이렇게 전달하고 있다. 이 건물이 해운대를 바라볼 수 있는 곳에 위치해 있다는 특징을 살려서, 해운

▲ 씨크라우드 부산

대조망권이라는 U.S.P.를 이렇게 과장해서 표현하고 있는 것이다.

5. 복고를 이용한 과장

다음은 과장하기의 다섯번째 유형으로 '복고(復古)를 이용한 과장'을 소개하겠다. 광고가 만들어진 시점보다 훨씬 전의 시대를 광고의 배경으로 삼는 과장하기의 유형이다. 때로는 사실과의 거리가 멀기 때문에 지나친 과장, 즉 허풍이라고 말하는 것이 정확할지도 모른다.

✓사례 1. 롯데리아 빅립버거

첫번째 사례는 롯데리아의 빅립버거 TV광고이다. 마치 녹두장군 전봉준이 서울로 압송되는 상황을 연상시키는 배경 속에서, 대형 햄버거의 특징을 코믹하게 전달하고 있다. 아마도 정치적인 이유로 압송되는 모델(노주현)이 햄버거가 커서 받아먹지 못한다고 "이봐 당신, 너무 크다고 생각 안 드나?"라고 심각하게 묻는 모습이 웃음을 자아내고 있다. 시대적 배경이 조선시대라는 점에서 과장을 넘어 허풍에 가깝다.

빅립버거 ▶

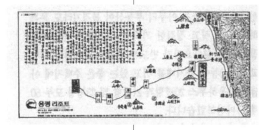

▲ 용평리조트

✓사례 2. 용평리조트

다음은 용평리조트의 신문광고이다. 비주얼을 보면 마치 대동여지도와 같은 옛 지도의 모양이 나타나 있다. 헤드라인 '모다들 오시오'는 물론 카피 전체가 마치 목각본(木刻本)의 서체처럼 표현되어 있다. 바디 카피 내용 또한 고풍이 물씬 묻어난다. 그 일부를 살펴보자. "때는 하시절 여름이라. 굽이굽이 구릉을 따라 한양에서 오백리 길을 걷다가 한숨을 돌리고자 조그만 동네 횡계에 여장을 풀었거늘 여기가 어디메인가. 수려한 산세와 더불어 운무 노니는 장면은 한폭 산수도요 멧새 또한 절창이니 이곳이 용평이라" 마치 조선시대 송강 정철의 「관동별곡(關東別曲)」을 읽는 것 같은 느낌을 주고 있다.

전체적으로 이 광고는 조선시대 목각으로 인쇄한 책의 한 페이지 같아서, 용평리조트가 마치 조선시대에도 훌륭한 유원지였을 것 같은 인상을 주기에 충분하다. 이 광고는 이렇듯 복고적인 상황 속에서 용평리조트의 특장점을 절묘하게 표현하고 있다. 복고라는 비현실적인 상황 설정 자체가 과장인데, 이 광고 역시 과장을 넘어 허풍광고라고 규정하는 편이 더 옳을 듯하다.

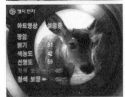

6. 실감 영상의 과장

과장하기의 여섯번째 유형으로, 실감 영상의 과장을 소개하겠다. TV 나 VTR, DVD 등 영상 관련 제품의 광고는 실감 영상이라는 컨셉트를 즐겨 사용한다. 이 컨셉트의 광고들은 대체로, 화면속의 영상이 현실 세계와 너무 비슷해서 구분이 잘 안 가기 때문에 일어나는 해프닝을 표현한다. 제품의 기능에 바탕을 두기는 했지만, 현실에서는 불가능한 일이므로 과장하기의 수사적 표현에 해당한다. 과장하기를 통해 사실에 가까운 영상을 실현한다는 제품의 특징을 극적으로 전달하는 것이다.

✓사례 1. 아트비전 라이브

먼저 '아트비전 라이브'라는 TV제품의 광고이다. TV화면에 사슴이 있고, 화면 속의 사슴을 현실 속의 사슴으로 착각한 표범이 화면 속에 뛰어들다가 화면에 갇힌다는 스토리 구성이다. '살아 있는 화질을 잡았

▲ 아트비전 라이브

다'는 키 카피가 그 상황을 요약해주고 있다. 현실과 구분할 수 없는 생생한 화질이라는 제품의 특징을 과장을 통해 극적으로 전달하는 광고이다.

✓사례 2. X-CANVAS

다음은 X-CANVAS라는 대형화면 TV제품의 광고인데, 키 카피는 "볼수록 빠져듭니다"이다. 마치 처음에는 조수석에 앉아, 차 밖에서 일어나고 있는 모든 상황을 현실처럼 경험하고 있는 장면을 보여주다가, 알고보니 모델(한석규)이 차 안에 있는 것이 아니고 거실에서 영상을 통해그 장면을 보고 있는 것이었다, 이런 내용을 전달하고 있다. 즉, 이 광고는 보는 사람이 그 화면 속에 있는 것처럼 착각을 불러일으킬 정도로실감 나는 영상을 제공한다는 메시지를 전달하고 있는 것이다. 역시, 엄청난 과장을 통해서 제품의 특장점(실감 영상)을 드라마틱하게 전달하고있는 광고이다.

X-CANVAS ▶

7. 반어(irony)

과장하기의 일곱번째 유형으로 '반어'의 표현방법을 살펴보겠다. 반어(irony)란 앞에서 설명했듯이, 겉으로 드러나는 것과 속에 숨겨져 있는내용을 서로 상반 되게 만드는 의도적인 표현이라는 것을 기억하면서광고 사례들을 보기 바란다.

✔사례 1. 스피드 011, 썸씽스페셜

우선 SK 텔레콤의 스피드011 브랜드 광고이다. 키 카피는 "꼭 011이
아니라도 좋습니다"라고 되어 있다. 이 광고의 탄생 배경에는 독점기업
에 대한 정부의 규제가 작용했던 것은 사실이다. 즉 당시 SK 텔레콤은
시장 점유율을 어떻게든 50%이하로 떨어뜨려야 했고, 그런 배경 속
에서 이 광고가 탄생했던 것이다. 하지만 그래도 광고주는 내심 '꼭' 011
이기를 바랬다고 봐야 할 것이다. 광고를 아예 안하면 모를까, 이윤이
목표인 기업이 경쟁사를 위해 광고할 이유는 없지 않겠는가? 따라서 이
광고의 표현 그 자체에는 모순이 없지만, 겉으로 드러난 표현 내용과
숨어 있는 의도가 서로 다르므로 반어적 표현이라고 할 수 있다. 소비자
들이 스피드011의 공익적인 자세에 공감함으로써 겉으로 나타난 표현
과는 달리 '꼭' 스피드011을 사용한다면, 광고주의 의도는 적중하게 되
는 것이다.

다음은 썸씽스페셜의 광고이다. 키 카피는 "아직도 썸씽스페셜은 많
은 분들께 드리지 못합니다"이다. 표현은 그렇게 했지만 광고주의 속내
는 많은 사람들이 제품을 구매하기를 바랄 것이다. 그렇지 않다면 아예
광고를 하지 않았을 것이다. 겉으로 드러난 표현과 속에 감추어진 의도
가 다르기 때문에 반어의 광고이다. 겉으로 드러난 표현과는 달리 많은
사람들이 이 제품을 찾게 된다면, 광고주는 박수를 치게 될 것이다.

▲ 스피드011

▲ 썸씽스페셜

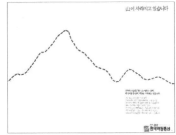

✓사례 2. 네프리스, 한국이동통신

다음은 네프리스라는 이름의 신장약 광고이다. 헤드라인은 "아침마다 신발은 작아져간다?"이고, 손에 쥐어져 있는 신발의 비주얼이 그 헤드라인을 보완해주고 있다. 신장이 나쁘면 발이 붓는다는 건 적어도 신장이 나쁜 사람이라면 다 알고 있는 상식이다. '발이 붓는다'고 하지 않고, 발이 붓기 때문에 나타나는 심리적 결과인 '신발이 작아진다'라고 하고 있다는 것이 바로 이 광고 크리에이티브의 핵심이다. 발이 부으면 신발이 맞지 않게 되므로 신발이 작아지는 것과 같은 결과로 나타나게 되는 것이다. 신발이 실제로 작아지는 게 아니라 심리적으로 작아진다는 느낌만을 갖게 되는 것이다. 여기서 신발이 작아진다는 표현 자체에는 모순이 없지만, 발이 붓는 것을 전달하기 위해 신발이 작아진다고 했으니 반어적 표현방법이라고 말할 수 있다. 결국 이 광고는 이러한 반어적 표현을 통해 신장병의 위험을 과장해서 경고하고, 제품의 구매를 유도하고 있다.

다음은 SK 텔레콤의 전신인 한국이동통신의 기업광고이다. '산이 사라지고 있습니다'는 헤드라인과 함께 점선으로 구성된 산의 모습이 비주얼로 처리되어 있다. 여기서 산이 사라지고 있다고 표현하고 있지만, 실제로 산이 사라지는 것이 아니라 통신을 할 때 산이 사라진 것과 같은 효과를 제공하겠다는 뜻이다. 겉으로 표현된 내용과 전달하려는 의미가 다르므로 반어적 표현방법이라고 할 수 있는 것이다. 이 광고는 이런 반어적 표현을 통하여 우리나라에서 단 한 점의 통화 사각 지대도 없는 통신 환경을 만들겠다는 의지를 과장해서 전달하고 있다.

✓사례 3. 만우절을 이용한 반어

다음은 만우절과 관련된 반어 광고 몇 편을 소개하겠다. 4월 1일 만우절은 잘 아시다시피 거짓말을 해도 괜찮은 날이다. 법적으로 괜찮은 건 아니지만, 일상적으로 관용이 베풀어진다는 뜻이다. 특히 어린이와 청소년들에게 이 날은 기존의 질서나 권위에 대한 일탈이나 도전의 의미도 어느 정도 띠고 있다. 이제 소개할 세 편의 광고들은 만우절에 담긴 특별한 의미를 반어적으로 활용하여 메시지의 주목도를 높이고 있는 사례이다.

먼저 보실 광고는 미국 광고대행사 협회(AAAA, Advertising Agency Association of America)에서 만우절에 내보낸 광고이다. "이 광고는 말짱 거짓말이다(This Ad. is Full of Lies)"라는 헤드라인 아래 '광고는 물건을 팔아주지 않는다' '광고는 별로 효과가 없다' 따위의 리드카피, 즉 소제목이 눈에 띈다. 그렇잖아도 광고는 거짓말쟁이라고 비난받고 있는데, 광고의 진실성이나 유용성을 옹호해야 할 미국의 광고대행사협회가 이런 자해적인 광고를 만들다니! 하지만 광고 아래쪽에 '오늘은 만우절이다'는 카피를 읽는 순간 이런 생각은 뒤집어진다. 즉 거짓말이라는 주장 자체가 거짓말로 밝혀지면서, 광고의 메시지가 "이 광고는 모두 진실이다"라는 의미로 180도 바뀌게 된다는 것이다. 겉으로 표현된 내용은 '광고가 거짓말'이라는 것이지만, 내심 품고 있는 의미는 '광고는 진실'이라는 것이므로 반어적인 표현이 된다. 반어를 통해 광고의 의미와 가치를 새롭게 일깨워주고 있는 광고이다.

▲ 도시마엔 유원지

▲ 하이트

다음은 일본의 도시마엔 유원지 광고이다. 역시 만우절에 실렸던 광고이다. 도시마엔 유원지는 우리나라의 에버랜드나 서울랜드 같은, 동경 근교의 유명한 유원지이다. "사상 최저의 유원지"라는 헤드라인 아래, 얼굴을 찡그린 가족 구성원들이 저마다 한마디씩 불만을 쏟아내고 있다. '빙빙 돌기만 할 뿐 실망하는 놀이기구야' '탔다하면 끝나버려' '오지 말 걸 그랬어' '돈 물어내라!', 이런 내용을 읽고난 다음엔 아래쪽에 다음 카피가 기다리고 있다. "오늘은 4월 1일이다. 오늘은 만우절이다." 결국 이 광고는 도시마엔 유원지가 '사상최저의 유원지'라는 것이 근거 없는 거짓말이라는 걸 말하면서, 반대로 '사상최고의 유원지'임을 암시하고 있다. 겉으로 표현된 내용과 속으로 전달하려는 의미가 다르기 때문에 이 광고 역시 반어적 기법의 광고이다.

다음 광고 역시 만우절에 집행된 하이트의 신문광고이다. "오늘 전국에 하이트가 한 병도 없습니다"라는 헤드라인이 보인다. 그런데 아래쪽에는 '오늘은 만우절이다'는 카피도 보인다. 따라서 이 광고는 전국에 하이트가 한 병도 없다는 것이 거짓말임을 말하고 있다. 그렇다면 전국이 하이트로 가득하다는 메시지를 전달하려는 의도인 듯하다. 겉으로 표현된 내용과 전달하려는 의미가 이렇게 확실히 다르다면 반어적 표현이 될 수 있다. 하지만 이 광고는 앞서 본 AAAA나 도시마엔 유원지의 광고처럼 만우절의 의미에 확실히 승부를 걸지 않아서 좀 어정쩡한 구석은 있다.

8. 역설(paradox)

과장하기의 마지막 유형으로 '역설'의 표현방법을 살펴보겠다. 역설이란 표현된 진술 자체에 모순이 드러나 있는 과장하기의 표현 방식이라는 개념을 기억하면서, 다음 광고 사례들을 음미하시기 바란다.

✓사례. 카프리, 그랑페롤, 선경그룹

먼저 카프리라는 맥주의 TV 광고이다. 키 카피이자 슬로건은 '눈으로 마시는 맥주'이다. 보기만 해도 상쾌하고 시원한 맥주라는 메시지를 이 카피에 담은 듯하다. 그러나 실제로 맥주는 눈으로 마실 수 없고 입으로만 마시는 먹거리이다. 따라서 이 카피에는 표현 자체에 모순이 분명히 드러나 있다. 그런 점에서 역설적 표현방법이다. 이 광고는 역설의 표현방법을 통하여 맥주의 신선함과 상쾌함을 과장해서 전달하고 있는 것이다.

◀ 카프리

다음은 그랑페롤이라는 갱년기 영양제의 신문광고이다. "50청년이 있는가 하면 30노인이 있습니다"라는 헤드라인이 시선을 끈다. 50대이지만 청년같이 잘 달리는 사람과 30대이지만 헉헉거리며 잘 달리지 못하는 사람의 모습이 일러스트로 처리되어 있다. 이 카피에서 50대 청년이라는 뜻의 '50청년'이라는 그 말 자체가 사실은 모순이다. 50대라면 중 장년이고, 청년이라면 2,30대일 테니까.

▲ 그랑페롤

30대 노인이라는 뜻의 '30노인'도 역시 모순이다. 30이라면 노인일 수가 없을 테니까. 그런 의미에서 역설이다. 이 광고는 이런 역설적 표현을 통해서, 30노인이 되지 말고 50노인이 되어라, 즉 나이보다 젊게 살아라, 그러려면 그랑페롤을 먹어라, 이런 메시지를 과장된 표현방법으로 전달하고 있다.

다음은 SK그룹의 전신인 선경그룹의 기업광고이다. '10년을 앞서가는 시계'가 헤드라인이고, 큰 시계추가 움직이는 모습이 메인 비주얼이다. 시계는 분명 현재를 가리키는 도구이다. 과거나 미래를 가리킬 수도 없고 또 가리켜서도 안 되는 물건이 바로 시계이다. 그렇기 때문에 시계가 10년을 앞서간다는 것 자체가 모순이다. 이렇게 표현 자체에 모순이 드러나 있으므로 역설이 되는 것이다. 선경그룹은 이런 역설의 표현방법을 통해서 미래를 먼저 생각하고 앞서 준비하겠다는 메시지를 과장되게 전달하고 있다.

▲ 선경그룹

지금까지 '과장하기'의 표현방법에 대해서 살펴보았다. 광고의 주된 메시지를 사실보다 더 부풀려서 표현하는 방법이 바로 과장하기이다. 사실 모든 광고가 어쩌면 과장하기에 속한다고 할 수 있을 정도로 광고라면 모두 약간씩의 과장을 포함하고 있는 것이 사실이다. 하지만 특별히 그 중에서도 과장하기가 돋보이는 광고물들을 살펴본 것이다.

과장하기의 개념을 더 깊이 이해하기 위해서 반어와 역설, 그리고 허풍에 대해서도 살펴보았다. 반복해서 설명하자면, 표면적으로 모순이 없지만 하고자 하는 내용과 표현된 내용이 다르게 과장하는 표현이 반어이고, 표현 자체의 모순을 통하여 과장하는 표현 방법이 역설이다. 과장의 정도가 심한 경우가 바로 허풍이다. 우리의 기억 속에 오래 남아 있는 많은 광고들이 다양한 과장하기의 방법을 통해 메시지 전달 방법을 차별화하고 있음을 다양한 유형과 사례를 통해 구체적으로 확인할 수 있었다.

광고는 때로 거짓말 혹은 뻥이라고 비판받고 있다. 하지만 그냥 뻥이 아니라 '이유 있는 뻥'이라면, 광고는 재미와 정보를 동시에 전달하는 유익한 놀이가 될 수 있을 것이다.

09 환상의 스리쿠션,
은유와 환유

<일 포스티노(Il Postino)>라는 이태리 영화가 있다. 칠레의 저항시인이자 노벨문학상 수상자인 파블로 네루다(Pablo Neruda, 1904-1973)■가 이태리의 어느 작은 섬에 망명해 있을 때의 일화를 다룬 영화이다. 섬의 작은 우체국은 네루다의 도착으로 갑자기 불어난 우편물 때문에 마리오라는 어부의 아들을 우편배달부로 고용한다. 마리오는 문맹을 겨우 면한 무식한 촌뜨기였다. 이 영화는 우편배달부 마리오가 네루다를 만나며 시와 사랑, 그리고 혁명을 알게 되는 과정을 수채화같이 담담하게 그려내고 있다.

처음 마리오는 다른 사람의 시를 자신의 쓴 것처럼 말하다가 네루다의 꾸지람을 듣게 되자, 시는 그것을 쓴 사람의 것이 아니라 그것을 필요로 하는 사람의 것이라고 말하기도 한다. 하지만 그는 네루다로부터 시를 배우게 되고, 자신의 시를 매개로 마을 처녀 베아트리체와의 결혼에도 성공한다.

■ 칠레 출신의 시인으로, 처음엔 초현실주의에 경도되었다가 스페인 내란 이후 공산당에 입당하는 등 정치활동에도 몰두했으나 말기에는 다시 일상적인 세계를 노래했다. 「황혼의 노래」, 「20편의 사랑의 시와 한 편의 절망의 노래」, 「지상의 주소」 등이 있으며, 1971년 노벨문학상을 수상했다.

여기서 중요한 부분은, 마리오가 네루다에게 배운 시의 핵심이 메타포(metaphor), 즉 은유였다는 점이다. 마리오는 '비가 온다'가 아니라 '하늘이 운다'는 은유의 표현을 이해하면서 시와 사랑, 그리고 세상을 점점 더 깊이 이해하게 되었던 것이다. 마리오는 시인으로부터 은유만 배웠지만 만약 소설가로부터 환유(metonymy)까지 배웠다면, 어쩌면 그는 세상의 이치를 다 아는 위대한 철학자가 되었을지도 모른다.

　광고는 제품을 판매하거나 브랜드 선호도를 높이기 위해 제품이나 기업의 장점, 혹은 브랜드의 긍정적 가치를 부각시키려는 커뮤니케이션 수단이다. 하지만 그것들을 직설적으로 곧이곧대로 전달하면 매우 삭막하고 딱딱한 방법이 될 것이다. 따라서 잘 알려진 다른 사물이나 개념을 통해 우회적으로 표현했을 때 훨씬 더 효과적인 설득수단이 될 수 있다. 우리의 일상생활을 둘러봐도 이 사실은 바로 확인된다. 이성친구에게 사랑의 마음을 전하려 할 때 사랑한다는 백 마디 말보다 때로는 '장미꽃 100송이'를 안겨준다거나, 그 이성친구의 부모님 일을 도와주는 것이 훨씬 더 효과적이라는 사실을 우리는 잘 알고 있다.

　여기서 '장미꽃 100송이'에 해당하는 것이 바로 은유이고, '부모님 일 도와주기'가 바로 환유이다. 은유와 환유는 이처럼 메시지를 직접적으로 표현하지 않고, 어떤 비유물 혹은 매개물을 통해 간접적으로 표현함으로써 효과를 극대화하려는 수사적 표현이다. 은유와 환유는 마치 당구 게임에서의 멋진 '스리 쿠션'처럼 짜릿한 희열을 준다. 이번 시간에는 은유와 환유가 광고 표현에서는 어떻게 활용될 수 있는지 살펴보자.

은유와 환유의 개념과 효과

　먼저 은유의 개념부터 알아보자. 은유란 '원관념(비유하는 것)과 보조관념(비유되는 것)이 서로 유사한 관계에 있는 비유의 방법'을 말한다.

조금 어렵게 말하면 '등가적 유사성'의 관계에 있다.

은유 표현의 예를 살펴보자. "사람은 생각하는 갈대이다"라는 파스칼의 명언이 있다. 이 말이 성립하는 이유는 사람과 갈대, 이 두 가지가 비슷하다는 전제가 있기 때문이다. 사람의 성격은 여러 가지가 있겠지만, 파스칼이 말하려는 사람의 성격은 줏대 없이 흔들려서 우유부단하다는 것이고, 이를 설득력 있게 표현하기 위해 갈대라는 사물을 동원했던 것이다. 그래서 "사람은 생각하는 갈대이다"라는 말은, 사람은 바람에 이리저리 흔들리는 갈대처럼 늘 주변상황에 영향받는 존재라는 의미가 된다.

예를 또 하나 들어보겠다. '낙엽은 폴란드 망명정부의 지폐'라는 시구가 있다. 낙엽은 하찮고 무가치한 존재이므로, 구매력이 전혀 없는 폴란드 망명정부의 지폐와 유사하다는 전제에서 이런 표현이 가능했고, 두 사물의 유사성에 근거한 표현이므로 은유적 표현이다.

여기서 놓쳐서는 안 될 은유의 특성이 있는데, 그것은 바로 원관념과 보조관념이 '선택적 관계'에 있다는 점이다. '인간은 생각하는 갈대다'는 파스칼의 말을 다시 생각해보자. 이 말은 이미 설명했듯이 인간의 여러 특성 중 주변 상황에 흔들리기 쉬운 점을 강조하는 은유적 표현이다. 하지만 인간에게는 이러한 특성만이 있는 것은 아니다. 예컨대 인간은(혹은 인간의 생명은) 다른 어떤 존재나 가치보다 존귀하다는 특성도 있다. 이럴 때 동학의 창시자 최제우처럼 '인간은 하늘이다'라고 말할 수도 있다.

결국 인간의 특성을 말하기 위해, 유사성의 원칙에 입각하여 동원되는 비유물은 상황에 따라 갈대가 될 수도 있고 하늘이 될 수도 있고, 그 밖에 다른 것이 될 수도 있다. 다시 말해 우리는 인간을 규정하기 위해 갈대를 사용할지, 하늘을 사용할지, 혹은 다른 비유물을 사용할지를 상황에 맞게 선택하게 된다. 즉, 비유물로서 가능성을 안고 있는 각각의 사물이 양립하지 못하고 배타적인 선택의 관계에 있다는 것이다. '선택적 관계'란 바로 이런 의미이다.

다음은 환유를 설명하겠다. 은유에 비해 환유는 조금 생소한 개념이므로 이해하기가 쉽지 않을지도 모르겠다. 환유란 '원관념(비유하는 것)과 보조관념(비유되는 것)이 서로 인접성의 관계에 있는 비유의 방법'을 말한다. 간단히 말하면 '인접성의 비유'이다.

예컨대 대통령을 표현하기 위해 밀림의 왕인 사자를 사용했다면, 대통령과 사자의 의미적 유사성에 입각한 비유이므로 은유의 표현이 될 것이다. 하지만 대통령을 표현하기 위해 대통령 전용차인 링컨콘티넨털, 혹은 검은 양복과 선글라스를 쓴 경호원들을 보여줄 수도 있다. 여기서 대통령과 링컨콘티넨털, 혹은 경호원은 서로 인접한(지리적이든 의미적이든) 사물이므로 환유적 관계에 있으며, 그것을 언어나 그림으로 표현한다면 환유의 표현이 되는 것이다.

인접성의 원리가 환유의 핵심이지만, 인접성이 주는 가장 큰 효과는 '대상의 한 부분으로 대상 전체를 지시한다'는 것이다. 앞의 예에서 링컨콘티넨털이나 경호원은 대통령에게 속한 여러 가지 사물 중 한 부분에 불과하지만 그 한 부분으로 대통령이라는 전체를 지시하고 있다. 그것이 바로 환유가 주는 힘이다.

또 하나의 예를 들어보자. 흔히 이탈리아 축구 국가대표팀을 '아주리 군단'이라고 한다. 아주리(Azzuri)는 지중해 바다 색깔을 뜻하는 이탈리아의 상징색이다. 용맹스러운 로마전사의 전통과 푸른 지중해 빛이 '아주리 군단(軍團)'이라는 신조어를 만들어냈다. 여기서 '아주리'의 도출 과정을 유추해보면, '이탈리아→지중해→푸른빛→아주리'라는 의미적 연쇄 고리를 생각할 수 있다. 이 과정은 인접성의 원리에 의한 연상 작용의 결과이며, 바로 이러한 비유를 바로 환유라고 말하는 것이다. 이런 환유의 표현을 통해 아주리는 이태리 전체를 말해주게 된다.

앞에서, 원관념과 보조관념이 '선택적 관계'에 있다는 점이 은유의 중요한 특징이라고 설명했다. 그런데 환유의 중요한 특징은 원관념과 보조관념이 '결합적 관계'에 있다는 점이다. 대통령을 링컨콘티넨털이나 경호원으로 비유한 사례를 다시 한번 떠올려보자. 링컨콘티넨털이나 경호원 말고도 봉황, 청와대 등 대통령과 인접한 사물은 더 많이 있다. 그런데 사실은 그 모든 사물들이 결합되어(즉 모여서), 대통령 전체의 이미지와 개념을 만들게 된다. 비유물로서 가능성을 안고 있는 각각의 사물이 배타적인 선택의 관계에 있는 은유와 구분되는 특성이다. 그래서 환유는 '결합적 관계'에 있다는 것이다.

로만 야콥슨(Roman Jacobson)은 은유와 환유를 다음의 표로 도식화시켰다. 야콥슨은 은유와 환유에 대한 독특한 개념 정립을 통하여 수사학, 기호학, 언어학 나아가서 커뮤니케

로만 야콥슨의 은유와 환유 분류표

은유	환유
유사성	인접성
선택적 관계	결합적 관계
내재적 문맥	지시적 문맥
정서, 내면세계	배경, 사건의 인식
낭만주의	리얼리즘

이션 이론에까지 큰 영향을 준 동구권의 학자이다. 이 도표는 은유와 환유의 핵심을 이해하는 데 도움이 될 것이니 잘 살펴보기 바란다.

광고 표현에서 은유와 환유의 효과는 다음 세 가지 정도로 정리할 수 있다. 첫번째는 기존에 잘 알려진 대상을 통해서 제품의 편익을 설득력 있게 전달할 수 있다는 점이다. 제품은 늘 생소하고 새롭기 때문에 그것을 대신해서 우리가 잘 아는 다른 사물을 빌어서 설명한다면 훨씬 더 큰 설득력을 발휘하게 된다. 두번째는 부분을 통해서 전체를 말할 수 있다는 점이다(이것은 앞에서 살펴보았듯이 환유의 특징이다). 이를 통해 좀 더 구체적이고 공감대 높은 크리에이티브가 가능하게 된다. 세번째는 제품 혹은 기업의 약점을 효과적으로 숨길 수 있다는 점이다. 이것을

뒤집어 말하면 제품의 장점만을 극대화할 수 있다는 뜻이 된다. 이제 그 효과들을 다양한 유형과 사례를 통해 하나하나 확인해보겠다.

은유광고와 환유광고의 비교

은유와 환유는 함께 비교해가며 이해하는 것이 좋다. 이제, 은유와 환유가 광고에서 각각 어떻게 표현되고 있는지 사례를 통해 비교해서 살펴보겠다. 은유와 환유는 광고 메시지를 전달하는 데 각각 어떤 장, 단점이 있는지 눈여겨봐주시기 바란다.

✓사례 1. 동영상 서비스 광고-핌(은유)/ 준(환유)
첫번째 사례로서 무선 동영상 서비스 핌(Fimm)과 준(June)의 TV광고를 비교해보겠다. '의인화하기'에서도 두 광고를 비교해가며 설명한 적이 있지만, 여기서는 은유와 환유의 개념에 입각하여 설명하겠다. 결론부터 말하면 핌의 광고는 은유, 준의 광고는 환유에 해당된다.

먼저 핌의 광고를 보자. 핌 광고의 키 카피는 "세상을 놀라게 할 수 없다면 나타나지도 마라"이다. 모델은 서태지이다. 이 광고 크리에이티브의 전제는 핌이라는 제품 혹은 브랜드의 새로움이 서태지가 처음 등장했을 때의 새로움과 유사하다는 것이다. 즉 유사성에 근거한 비유이므로 은유의 표현방법이다.

다음 준의 광고이다. 키 카피는 모두 "어느 날 우연히 오른쪽으로 고개를 돌렸을 때 준을 만났다"이다. 이 광고에서 준은 직접 등장하지 않는다. 준과 사용하게 될 타깃, 즉 모델과 준이 사용될만한 장소만이 등장하고 있다. 타깃과 장소는 모두 준이라는 제품 혹은 브랜드와 인접한 대상이다. 따라서 인접성에 근거한 비유이므로 환유의 표현방법이다.

은유의 '핌' 광고와 환유의 '준' 광고- 여러분들은 어느 쪽이 더 인상

▲ 핌

적인 론칭광고라고 생각하는가?(제1장에 나오는 준 광고 참고)

✓사례 2. 금융회사 기업광고-삼성생명(은유)/ 우리은행(환유)

다음은 금융회사의 기업광고로서, 은유의 표현인 삼성생명 광고와 환유의 표현인 우리은행의 광고이다.

먼저 삼성생명의 기업광고이다. 키 카피는 "언제까지나 아빠가 지켜줄게"이다. 이 광고는 인생이 자전거 타는 것과 유사하다는 전제에서 이야기를 전개하고 있다. 인생에 오르막길, 내리막길이 있듯이 자전거 탈 때도 오르막길, 내리막길이 있다는 것이다. 즉 유사성의 비유이므로 은유의 표현 방법이다.

◀ 삼성생명

◀ 우리은행

다음은 우리은행의 기업광고이다. "아빠들이 다니는 회사가 잘 돌아갈수록 우리는 아이들의 웃음을 더 많이 볼 수 있다"는 키 카피로 이루어져 있다. 우리 은행이 아주 좋은 조건의 기업 금융 상품을 많이 갖고 있다, 그 혜택을 받으면 기업이 발전할 것이다, 기업이 발전하면 '아빠들'이 월급을 많이 받게 될 것이다, 그러면 가정이 여유롭고 안정될 것이다, 그러면 아이들도 더 즐거워진다, 이 광고에는 이러한 인식의 연쇄 고리가 전제되어 있다. 즉 인식상으로 인접한 개념들을 통하여 우리은행의 기업 금융 혜택과 아이들의 즐거움을 연결시키고 있다. 인접성의

■ 두 개의 사물을 나란히 놓는
다는 의미로서, J. 윌리엄슨
(Williamson)에 의하면 병치는
광고의 독자 혹은 청중들로 하
여금 두 사물의 의미를 교환하
도록 요구 혹은 초대한다고 한
다. 그에 의하면 광고의 의미는
처음부터 완결되어 있는 것이
아니라, 이와 같은 교환과정에
소비자를 초대하고 소비자는
그 교환과정에 참여함으로써
완결된다고 한다.

비유이니까 당연히 환유의 표현에 해당한다.

은유의 삼성생명 광고와 환유의 우리은행 광고- 여러분들은 금융기관
으로서의 신뢰를 전달하는 데 어느 쪽이 더 효과적이라고 생각하는가?

✓사례 3. 스포츠화 광고-코오롱 등산화(은유)/ 나이키 농구화(환유)

다음은 스포츠화 광고 두 편을 비교해보겠다. 은유의 코오롱스포츠
등산화, 환유의 나이키 농구화가 바로 그 사례이다.

먼저 코오롱스포츠의 등산화 광고 두 편을 보자. 첫번째 광고에는 독
수리의 발과 코오롱스포츠 등산화의 바닥이 병치(竝置, juxtaposition),▪ 즉
나란히 놓여 있다. "포획본능, 강자의 발을 타고났다"라는 헤드라인이
그 두 개의 이미지를 연결시키고 있다. 어떤 먹이를 잡았을 때 결코 놓치
지 않는 독수리의 발과 코오롱스포츠 등산화 밑바닥의 기능이 유사하다
는 것이므로 은유의 표현에 해당된다. 두번째 광고에는 문어의 발과 코
오롱스포츠 등산화의 발바닥이 또한 병치되어 있다. "흡착 본능, 바닥부
터 다르다"라는 헤드라인으로 연결된 두 사물이 흡착이라는 측면에서
유사하다는 것이므로 역시 은유의 표현이다.

코오롱 스포츠 ▶

다음 나이키 농구화의 잡지 광고 두 편을 보자. 농구장에 수많은 발자
국이 찍혀 있는 이미지의 광고와 농구장에 선수의 동선이 복잡하게 표
시되어 있는 이미지의 광고, 이렇게 두 편이다. 이 광고들에 헤드라인은

없고 비주얼 밑에 바디카피만 작게 처리되어 있다. 이 광고의 주된 메시지 제품의 유연한 기능성이다. 그것이 제품을 통해 직접 설명되는 것도 아니고 다른 유사한 사물을 빌어서 표현한 것도 아니다. 제품과 인식상으로 혹은 실제적으로 인접해 있는 농구장의 모습을 통해서 제시되고 있다. 즉 인접성에 근거한 비유이므로 환유의 표현에 해당하는 것이다.

은유의 코오롱스포츠 광고와 환유의 나이키 광고- 여러분들은 어느 쪽이 더 스포츠맨의 관심을 끌 수 있다고 생각하는가?

은유광고의 유형과 사례

이제부터는 은유 광고에 대해 더 구체적으로 살펴보도록 하겠다. 은유광고는 '속성-편익-가치'의 3단계 래더링에 입각하여 속성의 은유, 편익의 은유, 가치의 은유 이 3가지 유형으로 구분했다.

1. 속성의 은유

은유 광고의 첫번째 유형은 '속성의 은유'이다. 제품의 차별화되는 속성을 다른 유사한 사물을 통하여 전달하는 은유의 표현방법이다. 물론, 비유물로 동원된 그 '유사한 사물'은 소비자들은 특별한 사전 정보 없이 알 수 있는, 쉽고 친근한 것이어야 한다. 그래야 광고의 효과가 커지게 되니까.

✓사례. 삼성 케녹스, 한샘시스템 키친, 훼스탈, 라비타, 언론중재위원회

첫번째는 '삼성 케녹스'라는 브랜드의 카메라 TV광고이다. "사람을 알려거든 눈을 보라, 카메라를 알려거든 렌즈를 보라"는 키 카피가 말해 주듯이, 이 광고는 눈과 렌즈의 유사성에 근거해서 렌즈의 우수성을 말하고 있다. 사람의 눈과 렌즈의 기능적 유사성이 비유의 핵심이므로 은유의 표현방법이다.

삼성 케녹스 ▶
한샘시스템 키친 ▶

다음은 '한샘시스템 키친'의 TV광고이다. 광고의 컨셉트이자 슬로건은 '빠른 부엌'이다. 빠르다는 것을 쉽게 전달하기 위해 자동차를 등장시키고 있다. 자동차와 한샘시스템 키친 두 가지가 빠르다는 점에서 유사하다는 것이고, 이러한 전제가 이 크리에이티브를 성립시키고 있는

▲ 라비타

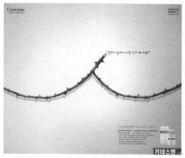
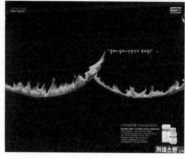

◀ 카네스텐

것이다. 역시 은유의 표현이다.

다음은 '라비타'라는 자동차의 시리즈 광고이다. 캠핑카가 비주얼이고 '넓다'가 헤드라인인 광고, 이층버스 그림과 '높다'는 헤드라라인의 광고, 범퍼카 그림과 '쉽다'라는 헤드라인의 광고, 이렇게 세 편이다. 이 광고들은 각각 라비타는 캠핑카처럼 넓고, 이층버스처럼 높고 범퍼카처럼 쉽다는 메시지를 전달하고 있다. 각각의 특징에 해당 되는 유사한 사물을 빌어서 라비타의 특징을 세 가지 측면에서 말해주고 있다. 유사성에 근거한 은유의 표현방법을 통해 제품의 기능을 다각도로 전달하는 시리즈 광고이다.

다음은 카네스텐이라는 의약품의 광고이다. 이 광고는 기저귀 발진의 통증을 가시 또는 불에 비유하고 있다. 위협하기 혹은 네거티브 어프로치(negative approach)의 형태에도 해당한다. 통증이 따갑기 때문에 가시 같고, 뜨겁기 때문에 불같다는 것이다. 그런 유사성에 근거한 비유이므로 은유의 표현에 해당하는 것이다.

다음은 신세계의 기업광고이다. 신세계는 백화점뿐만 아니라 대형할인점까지 거느린 유통의 그룹이다. 헤드라인은 "대한민국 유통 대동맥"이고 비주얼은 아주 강인한 남자의 팔뚝이다. 그 팔뚝에는 핏줄이 아주 선명하게 보이고 있다. 마치 신세계는 사람의 동맥처럼 대한민국 유통업의 핵심적 역할을 하고 있다는 게 이 광고의 주된 메시지이다. 신세계의 역할이 사람의 동맥과 유사하다는 건 어디까지나 신세계의 희망이겠지만, 그런 의지가 은유에 입각하여 표현되고 있다.

다음은 언론 중재위원회에서 만든 TV광고이다. 이 광고에는 병아리도 나오고, 오리도 나오고, 그리고 거울도 나온다. 병아리를 잘못 된 거울로 비춰보면 오리가 될 수도 있다는 것이 광고의 주된 내용이다. 이 광고 역시 위협하기의 형태에도 속한다. 여기서 거울은 잘못된 언론 보도를, 병아리는 원래의 사건 내용을, 오리는 잘못된 기사를 뜻하는 비유물로서, 모두 유사성에 근거한 은유의 표현방법이다. 이러한 은유를 통하여 이 광고는 어떤 내용이 잘못된 언론 보도를 통해서 전혀 엉뚱한 내용으로 바뀔 수 있다는 경고를 보내고 있는 것이다.

2. 편익의 은유

은유광고의 두번째 유형은 '편익의 은유'이다. 제품의 속성을, 유사한 비유물을 통해 우회적으로 전달하는 은유가 '속성의 은유'라면, 편익의 은유는 제품이 소비자에게 주는 구체적인 편익(benefit)을 유사한 비유물을 통해 전달하는 은유의 유형이다.

✓사례. 밀크매니아, 젠, 방송대학TV

모두 열 편으로 이루어진 밀크매니아 광고 시리즈이다. 이 시리즈 광고는 밀크매니아라는 캠페인 슬로건하에 각각 '우유는 부메랑/열정/락/키스/선물/만화/게임/다큐멘터리/남편/슈퍼모델이다'는 키 카피로 전개되고 있다. 우유는 다시 돌려준다는 의미에서 부메랑과 유사하고, 재미를 준다는 점에서 만화와 비슷하고, 든든하다는 측면에서 남편과 비슷하고, 이런 얘기인 듯하다. 유사성의 비유이므로 은유의 표현방법이다. 하지만 편익을 전달하기 위해 동원된 비유물들의 의미가 바로 이해할 수 있을 만큼 쉽지 않아서 효과는 좀 의문이다.

▼ 밀크매니아

다음은 강정(康精) 드링크제 젠의 신문광고이다. "새벽에 일어서라"는 헤드라인과 함께 힘찬 날갯짓을 하고 있는 수탉의 모습이 보인다. 이 광고는 수탉이 아침마다 힘찬 날갯짓을 하듯이 중년 남성들을 아침마다 힘차게 '일어서게' 한다는 제품의 편익을 전하고 있다. 성적 암시가 들

어 있는 은유의 표현방법이다.

　　다음은 방송대학TV 광고이다. 케이블TV의 채널 47번이 바로 방송대
학TV인다. '보는 비타민 C'가 헤드라인이고, 반으로 잘라진 레몬과 그
한쪽 면에 채널 47의 로고가 박힌 모습이 비주얼로 처리되어 있다. 이
광고는 방송대학TV을 보면 마치 비타민C를 먹는 것처럼 유익하고 즐겁
고 재미있다는 메시지를 전달하고 있다. 방송대학TV를 본 후의 정신적
편익이 마치 비타민 C를 먹은 후의 육체적 편익과 유사하다는 내용을
전달하고 있다. '보는 비타민C'라는 헤드라인에 바로 그런 의미가 함축
되어 있다. 제품과 비타민 C의 편익상 유사성에 근거한 비유이므로 은
유의 표현이다.

　　다음은 삼성 미니카세트 마이마이 광고 두 편이다. 첫번째 광고에는,
영양 주사를 맞을 수 있는 영양액과 마이마이가 동시에 묶여 있는 비주
얼에 "간호사 이 환자에겐 건모의 스피드가 좋겠어"라는 헤드라인이 보
인다. 가수 김건모가 부른 「스피드」가 한창 유행했을 때 나왔던 광고인

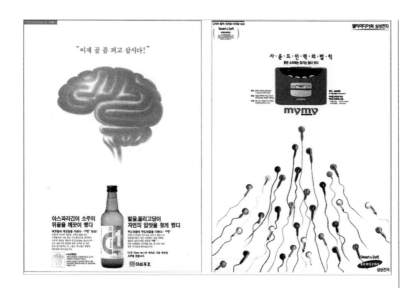

듯하다. 이 광고는 몸이 아플 때 영양주사를 맞아야 하는 것처럼 마음이 상처받았을 때에는 마이마이를 통해 음악을 들어야 한다는 메시지를 전달하고 있다. 영양 주사와 제품 편익의 유사성에 근거한, 은유적인 발상의 크리에이티브이다.

삼성 미니카세트 마이마이의 두번째 광고이다. '사운드 인력의 법칙'이라는 헤드라인 아래 이어폰이 마이마이 제품을 향해서 가는 비주얼이 시선을 끈다. 정자가 난자를 향해서 돌진하는 것과 같이 이어폰으로 표현된 많은 젊은이들이 마이마이에 심취하고 있다, 이런 메시지를 전달하고 있는 것이다. 타깃과 편익의 관계가 정자와 난자의 관계와 유사하다는 전제 하에 나온 크리에이티브이므로 역시 은유적 표현의 광고이다.

3. 가치의 은유사례

은유광고의 세번째 유형은 '가치의 은유'이다. 제품 혹은 브랜드가

보브 ▶

조흥은행 ▶

주는 궁극적인 가치(혹은 의미)가 어떤 비유물과 유사하다는 전제 하에서 표현되는 은유의 방법이다.

먼저 보브(VOV)라는 화장품 브랜드의 TV광고이다. 이 광고의 키 카피이자 슬로건은 '두번째 이브- 보브'이다. 이 슬로건이 말해주듯이 이 광고의 크리에이티브는 브랜드 보브와 구약 창세기의 인물 이브(EVE), 그 둘의 유사성에 근거하고 있다. 이브 하면 누구에게나 에덴동산과 함께 사과, 뱀과 같은 사물들이 연상된다. 이 광고는 이브에 관련된 그러한 연상(association)을 통해 보브라는 브랜드의 가치(혹은 의미)는 사과, 뱀 등의 연상을 통해 형성되어 있는 이브와 유사하다는 것을 말하고 있다. 이러한 은유의 표현을 통하여, 이 광고는 도발적이고 도전적인 이브의 이미지를 보브의 이미지로 전이시키려 하고 있는 것이다.

다음은 조흥은행의 기업광고이다. 이 광고에서 조흥은행은 '한국 금융의 백두산 호랑이'라고 표현되고 있다. 백두산 호랑이란 대한민국의 역사, 문화와 함께 힘과 용맹을 상징하는 사물이다. 즉 이 광고는 조흥은행의 가치(혹은 의미)가 백두산 호랑이가 갖고 있는 그것과 유사하다는 은유의 표현을 통해, 대한민국을 대표하고 세계금융시장에서도 당당하게 군림하겠다는 조흥은행의 의지를 표명하고 있다.

다음은 삼성화재의 기업광고이다. 초원을 달리는 여러 마리의 얼룩말

중에서 앞서가는 한 마리의 말이 강조되어 있는 비주얼이 보인다.
즉 이 광고는 삼성 화재의 가치 혹은 의미가 선두에 서서 달리는
얼룩말과 유사하다고 주장한다. 역시 은유의 표현방법을 보여주
고 있다.

▲ 삼성화재

환유광고의 사례

지금부터는 환유 광고의 사례들을 살펴보겠다. 환유란 '원관념
(비유하는 것)과 보조관념(비유되는 것)이 서로 인접성의 관계에 있
는 비유의 방법', 간단히 '인접성의 비유'라고 정의된다는 사실을
떠올리시기 바란다. 그리고 환유의 가장 중요한 특징은 부분으로 전체
를 대표한다는, 즉 대표성이라는 사실도 기억하시기 바란다. 인접성과
대표성은 환유를 설명할 때 동전의 양면처럼 매우 밀접한 개념이지만,
여기서는 인접성이 강조된 환유형 광고와 대표성이 강조된 환유형 광고
로 나누어 설명하겠다.

1. 인접성이 강조된 환유

✓사례. 혼다 시빅, 메가박스, 로얄드레스셔츠, 다음

인접성이 강조된 환유형 광고의 첫번째 사례로서, 혼다 시빅이라는
자동차의 TV광고를 보자. 메시지를 전달하기 위해 동원된 것은 자동차
가 아니라 운전자의 라이프스타일, 그리고 그와 관련된 소품이다. 자동
차와 인접한 요소 혹은 소품을 통해서 제품과 타깃의 성격을 드러내고
있는 환유형 광고이다.

다음은 메가 박스 수원점 오픈을 알리는 잡지 광고 세 편이다. "수원
사람들 담배피우다 말고 다 어디 간 거야?"는 헤드라인과 재떨이에 피다

▲ 혼다 시빅과 메가박스

만 담배가 놓여 있는 비주얼의 광고, "수원사람들 공부하다 말고 다 어디 간 거야?"는 헤드라인과 책 위에 연필이 놓여 있는 광고, " 수원사람들 밥 먹다 말고 다 어디 간 거야?"는 헤드라인과 먹다만 도시락 위에 젓가락이 놓여 있는 광고, 이렇게 세 편이다. 그런데 재미있는 것은 각 광고의 비주얼이 메가박스의 심벌을 연상시키고 있다는 점이다. 일종의 도상(icon)적 표현이다.

궁극적으로 이 광고는 메가박스가 워낙 인기 있고 유명해서 수원사람들이 다 몰린다는 메시지를 전달하고 있는데, 그것을 위해서 제품과 인접한 사물들, 즉 타깃(수원의 젊은이)과 관계된 재떨이, 책, 도시락 등의 소품을 동원하고 있다. 제품의 인기 혹은 화제성을 제품과 인접한 사물을 통해 전달하고 있는 재미있는 환유형 광고이다.

다음은 로얄드레스셔츠의 잡지광고이다. 이 광고는 목표 타깃이 대체로 20대 중, 후반의 남성이라고 보고, 그 사람들이 신입 사원이 되었을 때 벌어질 수 있는 일들 중 하나를 통해 제품의 가치와 의미를 형성하려는 의도의 광고이다. 그래서 "안주를 든든히 먹어라"라는 의외의 헤드라인이 나올 수 있었던 것이다. 요즘이야 꼭 그렇지는 않겠지만, 이 광고가 집행되었을 때만 해도 신입 사원에게는 술 먹을 일이 많았다. 그럴 때 안주를 많이 먹어야 술자리도 오래 가고 건강도 지킨다는 내용을 이 광고는 전달하고 있다. 즉 이 광고는, 로얄와이셔츠를 입는다→ 신입 사원이 된다→ 술자리를 많이 갖는다→ 안주를 든든히 먹어야 한다는 인접성의 연쇄 고리를 통해서 제품과 안주를 연결시키고 있는 재미있는 환유형 광고이다.

▲ 로얄드레스셔츠

다음은 다음 취업 센터의 신문광고인데, "빨간 내복이 산처럼 쌓였다"는 헤드라인과 함께 수북이 쌓여 있는 내복이 보인다. 이 광고는 '취업→ 첫 월급→ 내복 선물 →빨간 내복'이라는 인접성의 연쇄 고리를 통해서 제품과 빨간 내복을 연결시키고 있는 환유적인 광고이다.

▲ 다음

2. 대표성이 강조된 환유

✓사례. 현대자동차, SM5, TIME, 레간자,

대표성이 강조된 환유형 광고의 첫번째 사례는 현대자동차의 기업광고이다. 오랫동안 근무한 직원의 작업복을 통해서 기업의 성실하고 꾸준한 자세를 전달하고 있다. "우리집 양반이 30년간 입어온 작업복이다"라는 부인의 멘트가 생생한 현장감을 주고 있다. 낡은 작업복 하나로 기업의 가치를 대표하려 하고 있는 환유형 광고이다.

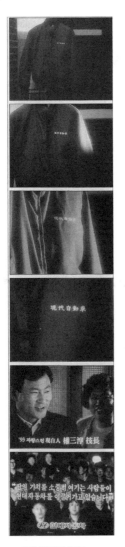

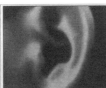
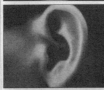
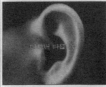
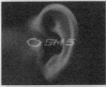

▲ 현대자동차와 SM5

다음은 "소리 하나로 차를 말한다"는 키 카피의 SM5 광고이다. 이 광고는 귀를 통해서 소리 하나로 자동차 전체의 성능과 품질을 알 수 있다는 전제를 한 다음, SM5는 저소음 승용차이므로 다른 모든 성능이 뛰어난 차라는 메시지를 전달하고 있다. 소리 하나만으로 차의 전체를 안다, 즉 한 부분으로 전체를 안다고 했으니 환유형 광고에 해당된다.

다음은 세계적인 시사 주간지 *TIME*의 광고이다. 바나나 하나에 담긴 다양한 보도 사례를 통하여 *TIME*지의 넓은 정보력과 깊이 있는 분석력을 제시하고 있는 광고이다. 작은 바나나 하나에 담긴 넓고 깊은 제품의 가치가 표현된 환유형 광고이다.

다음은 "큰 코 다칠라"라는 헤드라인의 레간자 광고이다. 실제로 서양인의 '큰 코'가 비주얼로 보인다. 여기서 '큰 코'는 서양인의 신체 일부이기도 하지만 오만함을 뜻하기도 한다. 한 부분으로써 서양인, 또는 서양의 전체를 얘기하고 있기 때문에 환유형 광고이다. 이런 환유적인 표현을 통하여 이 광고는 제품이 자동차의 본고장인 서양에서도 인정받게 될 것이라는 점을 과시하고 있다.

마지막으로 신한은행의 기업광고를 살펴보자. 어릴 적 숨바꼭질 할 때 친구들과 함께 외치던 '무궁화 꽃이 피었습니다'라는 소리가 BGM(back ground music)처럼 들리면서 "한국을 대표하는 무궁화처럼 한국의 대표은행이 되겠습니다"는 기업의 의지가 내레이션으로 전달되고 있다. 이런 카피와 함께 1원짜리 동전에 새겨져 있는 무궁화 꽃의 영상이 어우러져 있다. 여기서 무궁화 꽃은 한국의 환유이다. 한국을 구성하는 여러 요소 중에서 무궁화 꽃이라는 한 부분을 택해서 전체(즉 한국)를 말해주고 있기 때문이다. 그리고 또한 1원짜리 동전에 새겨진 무궁화 꽃은 한국경제의 환유이다. 이것 역시 한국 경제를 구성하는 여러 요소 중에서 1원짜리 동전에 새겨진 무궁화라는 한 부분으로 전체(즉 한국경제)를 말해주고 있기 때문이다. 이렇듯 이 광고는 이중의 환유로 이루어진 광고이다. 이 이중의 환유를 통해 한국경제를 살리고, 나아가 한국을 대표하는 은행이 되겠다는 메시지를 전달하고 있는 것이다.

▲ 레간자

지금까지 광고에서의 은유와 환유의 표현 방법에 관하여 살펴보았다. 은유란 '원관념(비유하는 것)과 보조관념(비유되는 것)이 서로 유사한 관계에 있는 비유의 방법'으로서 간단히 '유사성의 비유'라고 규정할 수 있다. 은유의 특징으로서, 원관념과 보조관념이 '선택적 관계'에 있다는 점도 살펴보았다. 환유란 '원관념(비유하는 것)과 보조관념(비유되는 것)이 서로 인접성의 관계에 있는 비유의 방법'을 말한다. 간단히 말하면 '인접성의 비유'이다. 아울러 원관념과 보조관념이 '결합적 관계'에 있다는 것, 그리고 부분으로 전체를 대표하는 '대표성'도 환유의 속성임을 지적했다. 은유는 많이 알려진 표현방법이지만, 환유는 아직 그리 잘 알려진 표현방법이 아니다. 따라서 조금 색다른 표현을 원할 때 특별히 환유적 접근이 많은 도움이 될 수 있을 것으로 믿는다.

▲ 신한은행

　은유광고와 환유광고의 비교를 통하여 각각의 특징들이 무엇인지 살펴보았으며, 다양한 사례를 통하여 기존에 잘 알려진 대상을 이용해서 제품의 편익을 설득력 있게 전달하고, 부분으로 전체를 말함으로써 구체적이고 공감대 높은 크리에이티브가 발휘될 수 있으며, 제품 혹은 기업의 약점을 효과적으로 숨길 수 있다는 점 등의 장점도 하나하나 확인해보았다.

　이탈리아 섬마을 출신의 한 우편배달부(일 포스티노!)가 은유를 활용해서 사랑을 얻었듯이, 여러분들도 은유 그리고 환유를 활용해서 훌륭한 크리에이티브를 발휘할 수 있기를 바란다.

10 이야기의 재미, 내러티브(narrative)

"보이는 것만 믿으세요"라는 카피가 있지만, 사실 보이는 것만 믿어야 한다면 이 세상은 참 삭막하고 건조할 것이다. 우리는 빛바랜 흑백사진 한 장에서 추억의 귀퉁이에 숨겨두었던 옛이야기를 끄집어내기도 하고, 샹송 한 소절을 들으면서 사랑하는 사람과 함께 할 달콤한 시간들을 상상할 수도 있다. 보이는 것이 결코 전부는 아니다.

목표 타깃에게 광고의 대상은 대체로 친숙하지 않은 미지의 사물(즉 제품)이다. 광고 크리에이터의 역할중 하나는 이 미지의 사물을 이야기로 풀어내어 그것이 마치 소비자의 마음속에 오래 전부터 존재해왔던 것처럼 친숙하게 만드는 일이다. 그것이 바로 레오 버넷(Leo Burnett)이 말한 '내재적 드라마(inherent drama)'의 효과이다.

광고에서 '내재적 드라마'를 만들어내느냐 못하느냐가 때로는 훌륭한 크리에이터와 평범한 크리에이터를 구분하는 기준이 되기도 한다. 양복 한 벌도, 평범한 크리에이터의 손을 거치면 그냥 입을 거리에 지나지 않지만 훌륭한 크리에이터의 손을 거치면 비즈니스맨의 성공스토리가 된다. 평범한 크리에이터가 커피 한 잔을 음료수라고만 말할 때, 훌륭한 크리에이터는 거기서 깊은 인생의 의미를 풀어낸다. 훌륭한 크리에이터에게 신발은 그저 신고 다니는 도구가 아니라, 여행과 모험을 담은 한 편의 서사시가 될 수 있다. 이번 시간에는 내러티브(narrative)라고 불리는 그런 이야기 혹은 드라마가 광고에서 어떻게 표현되고 어떤 효과를 갖는지를 살펴보자.

내러티브의 개념과 효과

내러티브는 우리말로는 서사, 이야기, 설화 등 여러 가지 용어로 번역되지만 여기서는 그냥 내러티브라고 표현하자. 내러티브란 '현실 또는 허구의 사건들(events)과 상황들(situations)을 하나의 시간 연속(a time-sequence)으로 표현한 것' 혹은 '시간과 공간에서 인과 관계로 엮어진 사건의 연쇄(a chain of events)'라고 정의된다. 여기서 중요한 것은 '시간의 연속 혹은 연쇄'이다. 예컨대 t라는 시간에 하나의 사건이 일어나고 t이후의 시간인 t1에 또 하나의 사건이 일어나는 것을 연속 혹은 연쇄라고 하는 것이고, 그것이 바로 내러티브의 조건이 되는 것이다.

내러티브를 더 깊이 알기 위해서는 스토리(story)와 플롯(plot)의 개념을 구분해서 이해하는 게 필요하다. 스토리는 사건의 시간적 순서를 강조한 내러티브이고, 플롯은 사건의 인과관계를 강조한 내러티브이다. 예를 들어, "왕이 죽고 나서 왕비가 죽었다"는 표현은 사건의 시간적 순서를 강조한, 스토리형 내러티브이다. 반면 "왕비가 죽었고 아무도 그 사인을 아는 이가 없었는데, 후에 그것은 왕이 죽은데 대한 슬픔 때문인 것으로 밝혀졌다"는 표현은 사건의 인과관계를 강조한, 플롯형 내러티브이다. 플롯형 내러티브에서는 사건의 인과관계를 강조하기 때문에 이처럼 시간적인 순서가 뒤바뀌기도 한다. 우리가 아는 유명한 소설이나 드라마, 영화에는 플롯형 내러티브의 구조를 띠고 있는 것이 많다. 그 이유는 스토리에 비해 극적인 긴장감이나 반전을 가능하게 해주는 것이 바로 플롯이기 때문이다.

광고에서 내러티브란 '상품 판매 혹은 브랜드 및 기업의 이미지 제고를 위해 인과관계 혹은 시간 연속으로 사건의 연쇄를 구성한 것'이라고 정의할 수 있다. 광고물 중에는 드라마형 TV광고처럼 서사성(narratively)이 강한 것도 있고, 제품 고지형 인쇄광고와 같이 서사성이 약한 것도 있지만, 내러티브가 아닌 광고는 없다고 할 수 있을 정도로 내러티브의 외연은 사실 매우 넓다.

그러면 광고에서 내러티브는 어떤 장점을 갖고 있을까? 가장 중요한 점은 제품이나 브랜드에 의미와 개성을 부여함으로써 목표타깃에게 그 제품이나 브랜드를 친숙하게 만들어준다는 것이다. 제품 혹은 브랜드는 애초에는 딱딱하고 물질적인, 텅 비어 있는 사물일 뿐이다. 거기에 의미와 개성을 부여한다면 제품이나 브랜드가 소비자의 생활 속으로 자연스럽게 들어올 수 있다. 이렇게 되면 목표타깃이 제품 혹은 브랜드와 동화되어 좋은 기억을 오랫동안 지속시킬 수 있게 된다. 그렇게 되면 목표타깃은 그 제품 혹은 브랜드를, 마치 오래 전부터 잘 알고 있었던 것처럼 정겨운 마음으로 기억하거나 구매하게 될 것이다. 이제 내러티브의 이러한 장점을 다양한 유형과 사례를 통해 하나하나 확인해보겠다.

내러티브 광고의 유형과 사례

1. 비주얼 내러티브

내러티브 광고의 첫번째 유형으로 '비주얼 내러티브'를 소개하겠다.

내러티브 광고 하면 흔히들 카피 위주의 광고만을 떠올리기 쉽다. 그렇지만 사실 우리는 비주얼만으로도 많은 이야기를 상상하거나 말할 수 있다. 때로는 비주얼이 갖는 내러티브의 효과는 어떤 경우 언어로 표현된 것보다 더 클 수 있다. 이제 세계적으로 유명한 세 가지 캠페인의 광고물을 살펴보면서 비주얼이 주는 내러티브의 힘을 느껴보시기 바란다.

✓사례 1. 말보로 캠페인

우선 말보로(Marlboro) 광고 캠페인의 광고 두 편이다. 말보로는 애초에는 여성용 담배라고 알려져 있다. 그러다가 남성 타깃을 노리고 새로운 캠페인을 전개하였는데 그것이 바로 말보로맨(Marlboro Man)으로 기억되는 말보로 캠페인이다. 이 캠페인은 서부 사나이 말보로맨의 캐릭터를 통해, 거친 서부에서 강인한 승부근성의 남성미를 전달하고 그런 남성들의 내면적 욕구와 제품을 연관시킴으로써 제품의 새로운 이미지와 개성을 만들어내고 있다.

말보로 ▶

말보로 캠페인의 주역인 레오 버넷은 이 캠페인의 성공비결에 대해 다음과 같이 말한 적이 있다. "카우보이를 주인공으로 한 말보로 캠페인에는 바람 같은 자유와 영원한 대자연, 그리고 강인한 독립정신이 하나로 담겨 있습니다", 즉 이 캠페인은 미국인들을 바람, 자유, 대자연, 독립 등의 개념들이 얽혀 있는 무궁무진한 내러티브 속으로 빨려들어가게 했던 것이다.

✓사례 2. 베네통 캠페인

다음에는 베네통(Benetton)의 'United Colors of Benetton' 캠페인의 광고 4편이다. 올리비에로 토스카니(Oliviero Toscani)라는 사진작가가 주도한 캠페인으로서 금기에 대한 거부, 반전, 인종 차별 반대, 에이즈 반대 등을 통해 인류의 보편적 휴머니즘을 전달하고 있는 캠페인이다. 단순한 셔츠에 불과한 베네통이 휴머니즘의 사상을 담은 세계적인 브랜드로 인식되는 데 이 캠페인이 결정적인 역할을 했다. 예컨대, 소비자들은 신부와 수녀가 키스하는 모습을 담은 광고를 보고, 사랑과 종교, 자유와 금기, 이런 개념들과 관련된 무한한 이야기를 상상하게 되면서 베네통이라는 브랜드가 노리는 보편적 휴머니즘의 세계로 안내받게 되는 것이다.

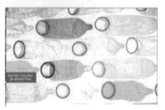

◀ 베네통

✓사례 3. 앱솔루트 캠페인

　다음에는 앱솔루트(Absolut) 광고 캠페인 중에서 두 편의 광고를 보겠다. 앱솔루트 광고 캠페인에 속한 각 광고의 헤드라인은 어느 것이나 'ABSOLUT+(　　)'로 구성되어 있다. 첫번째 광고의 헤드라인은 'ABSOLUT CHICAGO'이다. 라벨에 붙어 있는 글자들이 날아가는 듯한 비주얼을 통해, 바람이 많은 시카고의 상황을 재밌게 표현하고 있다. 소비자들은 이 광고를 보면서, 시카고에서 앱솔루트를 마시면서 일어날 수 있는 여러 가지 이야기들을 상상하고 기대하게 된다.

　앱솔루트의 두번째 광고 헤드라인은 'ABSOLUT FREEDOM'이다. 감옥의 철창이 마치 앱솔루트 병처럼 휘어져 있는 비주얼이 보인다. 감옥에 갇힌 죄수들이 기대하는 것은 당연히 자유이다. 이 광고는 자유, 구속 그리고 앱솔루트라는 키워드가 어우러지면서 떠오르는 여러 가지 이야기들을 연상시키면서 독특한 브랜드 이미지를 만들어내고 있다.

앱솔루트 ▶

2. 희망과 용기를 주는 이야기

✓사례 1. United Technology

내러티브 광고의 두번째 유형은 용기와 희망을 주는 이야기로서, 그 첫번째 사례는 유나이티드 테크놀로지 사(United Technologies Co.)의 기업광고이다. 유나이티드 테크놀로지는 동력, 빌딩 시스템, 전자, 인몬트(Inmont), 시콜스키(Sikorsky) 헬리콥터, 그리고 연구소의 여섯 개 사업부문을 가진, 미국 제2위의 방위산업체였다(1980년대 기준). 동력사업본부의 프랫트 앤드 위트니는 유명한 항공엔진 회사이고, 시콜스키 헬리콥터 역시 모르는 사람이 없을 만큼 유명했다. 빌딩 시스템 본부의 오티스 엘리베이터도 명성 높은 회사였다. 하지만 이 모든 회사를 거느린 유나이티드 테크놀로지라는 기업명을 아는 미국 사람은 매우 드물었다.

▼ United Technology

전에는 작은 도토리였지요

때때로 사람은
크게 되기 위해서는
먼저 작게
시작해야만 할 때가 있습니다.
콘라드 힐튼은
더러운 뉴 벡시모의
호텔 마룻바닥을 청소하는 일부터
시작했습니다.
후에 그는 유명한 호텔 체인의
소유주로서
큰 돈을 쓸어모았습니다.
오클아호마의 유전을
500 달에에 임대한
존 폴 게티는
후에 미국에서
제일가는 부자가 되었습니다.
데이빗 패커드는
최초의 상품모델을
부엌에서 오븐으로 구웠습니다.
그리고 그는 45년 후
47억 달러 규모의
기업을 경영하게 되었습니다.
오늘날에는
작은 것으로부터
시작하는 많은 무명 남녀가 있습니다.
그들의 이름은 지금부터
20년 후름
일상의 하나가 될지도 모르지요.
당신의 이름도
그 속에 들어있습니까?
자, 시작합시다!

UNITED TECHNOLOGIES

당신이 할 수 있으면 다른 사람도 할 수 있습니다

당신이 매일 아침 거울 앞에서
근육의 알통을 뽐낼고
그 멋있한 무늬에 뿌듯해할때.
이런 것을 생각해보는 것은 어떨지요.

당신의 그 빛나는 거울은
귀머거리의 손으로 완성되었다는 것을
아침마다 머리오를 들을 때.
그 발명의 일익을 담당한 사람은
귀족였다는 것도.
유행가를 들으실 때.
당신이 듣고 있는 그 음악은
병인 음악가가
작곡한 것인지도 모릅니다.
클래식 음악을 더 즐겨들으신다면.
당신은 아마도
귀머거리 작곡가가 지은
심포니를 듣고 계실 지도 모르지요.
미국 정치사에
불멸의 기록을 남긴 대통령은
거의 걸을수 없었던 사람이었습니다.
태어나면서부터
보는 것도, 말하는 것도, 듣는 것도
불가능했던 여성이.
미국의 역사 속에서
위대한 성공자의 지위를 누리고 있습니다.

신체장애래도
우리의 생활을 종요롭게 해줄 수 있습니다.
그러나 우리들도
그들의 생활을 종요롭게 해주어야 합니다.

UNITED TECHNOLOGIES

이러한 배경에서 유나이티드 테크놀로지는 1979년 2월 ≪월 스트리트 저널(*Wall Street Journal*)≫지에 기업광고를 내보내기 시작해서 1983년 5월까지 60편의 광고를 게재했다. 광고가 게재되는 4년여 동안 69만 1천여 통의 편지를 받았고 360여만 통의 리프린트 요청을 받았다고 알려져 있다. ≪월 스트리트 저널≫지의 광고 주목률 조사결과에 따르면, 이 시리즈 광고는 1980년대 이 신문에 게재한 광고 가운데 가장 잘 읽힌 광고로 꼽혔다고 한다. 그만큼 미국 전역에서 수많은 미국인들로부터 폭발적인 반응을 얻었던 광고 캠페인이었다. 『카피, 카피, 카피』라는 제목의 책으로 엮어져 우리나라에도 소개된 적이 있다.

이 광고는 모두 미국인들에게 희망과 용기, 꿈을 주는 이야기들로 구성되어 있다. 좌절을 딛고 성공한 사람들의 이야기, 나이의 벽을 허물고 도전한 사람들의 이야기, 조직 내부의 잘못된 관행 없애기, 고정관념 버리기 등의 주제를 통해 삶을 충실히, 꾸준히, 진지하게 살아가야 한다는 메시지를 잔잔한 이야기에 담아 전달했던 광고이다.

✓사례 2. 쌍용의 기업광고

다음은 우리나라 쌍용의 기업광고이다. '도시락 광고'라는 애칭이 붙어 있을 만큼 많은 사랑을 받았던 광고이다. 쌍용 역시 유나이티드 테크놀로지사처럼 소비재를 만드는 회사가 아니었다. 시멘트와 같은 산업재를 만드는 회사였다. 그렇기 때문에 쌍용은 제품 광고를 하지 않는 대신 기업광고를 통해서 대중들과 만나려 했다.

이 광고는 1983년 스승의 날을 전후해서 각 일간지에 게재되어 엄청난 호응을 얻었던 광고이다. 그때까지만 해도 우리나라에서 광고란 단지 물건을 팔기 위해 허위와 과장을 일삼는 도구라는, 나쁜 이미지가 지배적이었다. 그러나 이 광고가 나간 후 사회적 반응은 가히 폭발적이었다. 신문의 사설이나 칼럼 등에서도 소개되기도 했으며, 국민들은 광고의 기능과 역할에 대해 다시 생각하게 되었다. 즉 이 광고는 광고가 문화적으로 매우 중요한 장르일 수 있다는 점을 환기시키는 계기를 만들었던 것이다.

"오늘은 속이 불편하구나"라는 호기심 높은 헤드라인 아래, 시골 초등학교의 담임선생님이 제자들에게 베풀었던 따뜻한 사랑을 그리워하는 이야기가 지금은 중년이 된 화자를 통해 바디카피로 잔잔하게 펼쳐지고 있다. 특히 '선생님의 도시락으로 배를 채우고/ 선생님의 사랑으로 마음을 채운 우리는', '그때의 제자들이 다시 되고픈 마음입니다'라는 구절에 이르면 가슴이 뭉클하고 코끝이 찡해지게 된다. 195, 60년대 어느 시골 학교의 학생이 된 심정으로, 이 광고가 전하는 이야기를 찬찬히 음미해보시기 바란다.

오늘은 속이 불편하구나

참으로 어려웠던 시절
그날도 선생님은 어김없이 두개의 도시락을 가져오셨습니다.
여느 때는 그중 한 개를 드시고
나머지는 우리에게 내놓고 하셨는데
그날은 두개의 도시락 모두를

우리에게 주시고는
오늘은 속이 불편하구나
하고는 밖으로 나가셨습니다.

찬물 한 주발로 빈속을 채우시고는
어린 마음들을 달래시려고
그 후 그렇게나 속이 안 좋으셨다는 걸 깨달은 것은
긴 세월이 지난 뒤였습니다.

선생님의 도시락으로 배를 채우고
선생님의 사랑으로 마음을 채운 우리는
이제 50고개를 바라보는 왕성한 중년들
그 옛날 선생님의 꿈나무였던 우리는
기업에서 교단에서 봉사단체에서
나름대로 사람값을 하고자
열심히 살고 있습니다.

살아 계시다면 70 평생 한 점 티 없으실
그래서 자랑과 보람으로 주름진 선생님의 얼굴에
아직도 피어계실 그 미소를 그리면서
그때의 제자들이 다시 되고픈 마음입니다.

3. 기업의 철학을 담은 이야기

✓사례. 유한킴벌리의 기업광고 시리즈

다음은 '기업의 철학을 담은 이야기'라는 내러티브 광고 유형의 사례
로서, 유한킴벌리의 기업광고 시리즈 세 편을 소개하겠다. 유한 킴벌리
는 '우리 강산 푸르게, 푸르게'라는 슬로건 아래 다양한 환경 보호 캠페
인을 전개해온 회사이다. 각각의 광고에는 "숲은 이제 마음속의 고향입
니다", "대지는 어머니의 마음입니다", "물은 그리움입니다"는 헤드라
인과 함께 숲, 땅, 그리고 물이 우리 삶 속에서 얼마나 소중한 존재인지

에 관한 이야기가 자연처럼 싱그러운 문체로 빼곡히 들어서 있다.

그 한 대목을 살펴보자. "해 저무는 시각이 훨씬 지난 밤~. 우리는 그리움의 강을 바라봅니다. 별빛이 잔잔히 부서져 물로 흘러내리고, 그 물이 소리 없이 흐느끼는 모습을 지켜보노라면, 그 그리운 세계가 우리들 마음을 사로잡습니다. 이제, 세월은 물을 따라 흘러가고 그 물 한가운데 있던 우리들 마음은 어느새 바깥으로 밀려난 느낌입니다. 물, 그것은 그리움의 물이 아닐런지요", 물에 대한 아련한 옛 추억을 불러일으킨 다음 그것들은 앞으로 우리가 함께 살 대상들이라는 사실들을 확인시키고, 그래서 소중하게 가꿔야 한다는 이야기를 나직하게 들려주고 있다.

4. 제품과 관련된 이야기

✓사례 1. 대우전자 신 대우가족 캠페인(드라마 광고)

내러티브 광고의 네번째 유형은 '제품과 관련된 이야기'인데, 그 첫번째 사례는 대우전자의 '신대우가족' 캠페인이다. 모두 14편의 시리즈로 구성된 이 캠페인은 우리나라에서 최초로 시도되었던 '드라마 광고'로 유명하다. 드라마 광고란 광고가 드라마, 즉 연속극처럼 연결된 이야기로 이어졌다는 뜻이다. '신대우가족' 캠페인의 경우, 광고 한 편 한 편이

한 두 달의 기간을 두고 계속 바뀌면서 스토리가 이어져서 14회에 이르러 대단원의 막을 내리게 되었던 것이다. 1회와 마지막회를 제외하고 광고 각 편마다 한 개의 대우전자 제품을 다루었는데, 광고 각 편은 스토리의 독자적인 완결구조를 가지면서도 14편이 모여 전체의 스토리를 형성하게 되는 형태를 띠었다.

신대우가족 ▶

삼성전자 ▶

✔사례 2. 삼성전자의 휴먼테크 기업광고

다음은 삼성전자의 휴먼테크 기업광고이다. "6년 동안 화장하지 않은 이야기"라는 헤드라인에 독자를 바디카피로 끌어들이는 힘이 느껴진다. 어떤 여자 연구원이 화장품의 미세한 입자가 반도체 칩에 영향을 줄까봐 화장도 하지 않고 6년 동안 일했다는 이야기가 바디카피로 전개되었다. 실화인지 아닌지는 알 수 없지만, 이 광고는 그런 이야기를 통하여 최고의 제품을 만들기 위해 최선을 다하는 휴먼테크의 정신을 말하려 했던 것이다.

✓사례 3. LG 019

다음은 LG텔레콤 무선통신서비스인 019의 브랜드 광고이다. '반(絆)이론'에 따르면 광고는 소비자들에게 '절정 경험'을 느끼게 해준다고 한다. 누구에게나 자신의 인생에서 기분 또는 느낌이 최고조에 달했던 경험이 있을 것이다. 사람마다 다르겠지만, 예를 들어 원하는 대학에 합격했을 때, 짝사랑하던 이성으로부터 사랑이 받아들여졌을 때 등이 그런 경우일 텐데, 첫 아이가 자신에게 아빠(혹은 엄마)라고 말했을 때도 그 절정의 순간이라고 말할 수 있을 것이다. 자신을 빼다 박은 자식이 자신을 부르는 소리를 들었을 때 얼마나 감동적이고 황홀할까. 이 광고는 바로 그 순간을 잡아낸 것이다. 이 광고는 목표 타깃의 삶속에서 보편적으로 가장 감동을 줄 수 있는 순간을 이야기로 구성함으로써, '사랑'이라는 브랜드 컨셉트를 극적으로 전달하고 있다.

◀ LG 019

✓사례 4. 장자 도를 말하다

내러티브 광고의 다음 유형은 '제품과 관련된 이야기'이다. 그 첫번째 사례는 『장자, 도를 말하다』라는, 장자(莊子)에 관한 책의 광고이다. '장자'는 사람 이름이기도 하고 그의 사상을 담은 책 이름이기도 하다. 장자(B.C.369~B.C.289)는 노자(老子)와 함께 '노장사상'의 한 축을 이루는 사람으로, 노자의 무위자연(無爲自然) 사상을 계승한 인물이다. 물오리

▲ 장자 도를 말하다

의 다리가 짧다고 하여 그것을 이어주거나 학의 다리가 길다고 하여 그것을 잘라주면 그들을 해치게 되듯이, 지식에 입각한 인위(人爲)를 철저히 배제하고 그 대신 도(道)를 통한 무위(無爲)를 주장했다.

『장자, 도를 말하다』라는 책은 세계적인 장자 전문가 오즈 라즈니쉬가 강의한 내용을 정리한 책이다. 광고의 헤드라인은 "장자, 도를 말하다"라고 되어 있고, 마치 장자인 것 같은 사람이 걸어오는 모습이 비주얼로 표현되어 있다. 바디카피 내용은 이렇다. 우리가 살아가는데 있어 꼭 보이는 것, 당장 소용되는 것만 필요한 것이 아니다, 지하철을 보라, 우리가 발을 담고 있는 것은 이 바닥이지만 이 바닥만 있다면 우리가 어떻게 차를 타겠는가? 우린 이 바닥과 옆의 창, 천정이 만들어준 공간이 있기 때문에 지하철을 타고 어디를 갈 수 있는 것 아닌가, 즉 중요한 것은 보이는 것들이 만들어 놓은 보이지 않는 공간이지 그 보이는 것에 집착해서는 안 된다는 내용을 이 광고의 바디 카피는 지하철에서의 에피소드를 통해 전달하고 있다.

✔사례 5. 싱가폴 에어라인

싱가폴 에어라인의 광고이다. 싱가폴 에어라인의 광고는 일반적으로 미녀들의 아름다운 미소를 주된 이미지로 부각시키는 것으로 유명하지만, 이 광고는 그와는 달리 독특한 접근을 보이고 있다. 헤드라인은 "싱가폴 관광을 위해 개발 된 꿈의 운동화"이고 일러스트로 처리된 운동화를 부위별로 설명해주는 비주얼이 보인다. 바디카피 내용은 이 운동화가 싱가폴 관광을 위해 개발된 특수한 운동화임을 부위별로 차근차근 이야기해주는 내용이다. 그 과정을 통해 싱가폴이라는 곳이 얼마나 볼거리가 많은 곳인가를 재미있게 전달하고 있다. 이를 통해 싱가폴 관광을 유도하고 싱가폴 에어라인의 이미지도 높이는 광고이다.

✓사례 6. 경주 현대호텔

경주 현대호텔의 라디오 CM카피이다. 경주 현대 호텔을 말하기 위해서 호텔의 시설이나 서비스를 말하는 것이 아니고 호텔이 위치한 경주를 이야기하고 있다(바로 이 점은 환유의 표현방법이다). 경주를 이야기하는 방법도 "왕들이 깰 지도 모르니까 조심조심 걸어다녀라"는, 다분히 위트 섞인 이야기를 통해서 경주의 신비감과 기대감을 전달하고 있다. 즉 이 광고는 신라의 천년 고도 경주에 신비로운 이야기를 만들어 줌으로써, 경주 관광을 유도하고 궁극적으로 현대호텔에 숙박하기를 권하는 광고이다.

> Na: 경주에 오시면
> 뒷발꿈치를 들고
> 조용-조용- 걸으세요.
>
> 천년 전 신라의 왕들이

단잠을 깰지도 모르니까요.

천년의 신비와 만나는 곳-
경주에는 호텔 현대가 있습니다.

경주 호텔 현대

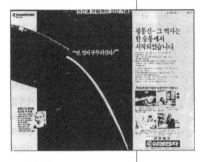
▲ 삼성전자

▲ 안국화재

5. 역사나 설화에서 끌어온 이야기

✓사례 1. 삼성전자의 광통신 기업광고

다음은 내러티브 광고의 다섯번째 유형으로써 '역사나 설화에서 끌어온 이야기'를 살펴보겠다. 그 첫번째 사례는 삼성 전자의 광통신 기업광고이다. "앗 빛이 구부러진다!" 는 헤드라인은 뢴트겐이 인류 최초로 광통신의 원리를 발견했을 때의 놀라움을 표현한 말이다. 이 광고는 광통신과 관련된 과학사의 에피소드를 광고의 소재로 삼아서 삼성전자가 광통신의 역사를 새롭게 만들어간다는 메시지를 신뢰감 있게 전달하고 있다.

✓사례 2. 안국화재

안국화재라는 상해보험 회사의 기업광고이다. "튼튼한 밧줄을 내려주세요"라는 헤드라인과 호랑이에 쫓겨서 나무 위로 올라간 두 남매가 하늘에서 내려오는 밧줄을 기다리고 있는 비주얼로 구성되어 있다. 이 광고는 우리가 잘 아는 전래동화에서 소재를 끌어왔다. 유명한 전래 동화를 통해서 마치 동화 속의 밧줄처럼 든든하고 믿음직한 인생의 동반자라는 기업의 의지를 전달하고 있다. 기업을 튼튼한 밧줄로 비유한 것은 은유의 표현 방법이 되겠다.

✓사례 3. 모닝글로리 팬시

다음은 모닝글로리 팬시의 라디오 CM 두 편이다. 이 광고들은 모두 우리가 어렸을 때부터 잘 알고 있는 백설 공주 이야기와 인어 공주 이야기를 바탕으로 삼아, 그 내용에 제품의 역할을 슬쩍 삽입한, 일종의 패러디 광고이다.

▶ 백설공주 편

왕비: 거울아 거울아,
　　　세상에서 제일 예쁘고 깜찍한 게 뭐지?
S.E: 거울이 등장하는 소리
거울: 그야 숲속 난쟁이들과 살고 있는 백설공주...
왕비: 뭣이?
거울: ...가 아니라 바로 왕비님이죠!
왕비: 뭐라구?
　　　넌 아직 모닝글로리팬시도 모른단 말이냐?
거울: 물론 알죠.
　　　하지만 그건 제일 튼튼하고 야무진 팬시잖아요.
왕비: 예쁘고 깜찍한 것도 모닝글로리 팬시야.
거울: 아니 그건 왕비님이라니깐요.
왕비: 거짓말쟁이, 아첨쟁이, 고집쟁이!
　　　한 마디도 안지는 건방진 거울 같으니!
　　　너같은 거울은 필요없다.
S.E: 와장창!(거울 깨지는 소리)
NA: 지금 전국 팬시점과 문구플라자에서 만나보세요.
　　　모닝글로리 팬시
거울: 세상에서 제일 깜찍하고 야무진 건 왕비...
S.E: 와장창!

▶ 인어공주 편

S.E: (물방울 소리) 뽀르륵 뽀르륵

S.E: (문 두드리는 소리) 쾅쾅

공주: 마녀님, 마녀님-

S.E: (문 여는 소리) 끼익

마녀: 하하하- 어서 와, 인어공주!

　　　아직도 인간의 다리를 갖고 싶겠지?

공주: 아니요. 모닝글로리 팬시를 전부 갖고 싶어요.

　　　어서 목소리랑 바꿔주세요, 네?

마녀: 모닝글로리 팬시? 어쨌든 좋아!

　　　하하하 그건 내 전문이니까

　　　수리수리 마수리 모닝글로리 팬시!

S.E: (번개, 천둥소리) 우르릉 쾅!

S.E: (팬시가 나타나는 소리)

공주: 하~ 예뻐!

마녀:(혼잣말로) 이렇게 깜찍한 게 있었어?

공주: 자, 이제 목소릴 드려야죠?

　　　(듣기에 이상한 목소리로) 아~아~

NA: 지금 만나보세요.

　　　모닝글로리 팬시.

마녀: 잠깐! 목소리는 필요없다.

　　　모닝글로리 팬시, 그걸 도로 내놔! 어서!

공주: 안돼요, 이건 안돼요.

✓사례 4. 코리아나 머드 팩

코리아나 머드팩의 라디오 CM이다. 이 광고는 조금 전 보았던 모닝
글로리 팬시 광고와 역사상 유명 인물의 에피소드를 패러디했다는 점에
서 그 발상이 비슷하다. 그 인물은 고대 이집트의 클레오파트라 여왕이
다. 그 여왕과 관련된 인물들, 그리고 여왕과 관련된 지역, 이집트의 나
일 강, 나일강가의 진흙 이런 것들이 모두 등장하면서 코리아나 머드팩

의 효과와 특징을 아주 재미있고 인상적으로 전달하고 있다.

▶ 클레오파트라 편

S.E: (파도소리)

(삽질하는 소리)

(거친 호흡소리)

NA: 때는 기원전 50년, 고대 이집트.

밤이면 진흙을 몰래 퍼다 온몸에 바른 여인이 있었다.

클레오파트라

그녀로부터 아름다운 피부를 위한

진흙의 역사는 시작되었다.

M: 하프 연주음

클레오파트라: 아무도 본 사람은 없겠지?

시녀: 아이, 여왕님도~ 비밀이 알려지면

세상 진흙이 동날 것이옵니다. 호호호~

S.E: (물소리) 쏴아~

클레오파트라: 아- 진흙팩을 하고나니

저 하늘의 별들이 피부에 넘실대는 것같구나.

시녀: 정말 눈부시옵니다. 호호호-

NA: 미끄러지듯 부드러운 피부

Logo Song: 코리아나

NA: 코리아나 머드팩

6. 타깃과 관련된 이야기

✓사례 1. 삼성 생명 기업광고(孝 광고)

다음은 내러티브 광고의 여섯번째 유형으로서 '타깃과 관련된 이야기'를 살펴보겠다. 그 첫번째 사례는 삼성생명의 기업광고로서, '효 광고'라는 애칭으로도 불리는 광고이다.

1995년 어버이날 즈음에 집행되었을 때, 전에 살펴본 쌍용의 도시락

▲ 삼성생명

광고 이상으로 우리 사회에서 폭발적인 관심을 불러일으켰던 광고이다. 주력 매체는 신문이지만, 드물게나마 TV광고로도 노출되었다. 이 광고의 가장 큰 성공 요인은 한국의 전형적인 아버지, 어머니 상을 감동적이고 인상적인 이야기를 통해 그려내고 있다는 점이다. 이 땅의 어머니, 아버지라면 누구라도 겪어보았을 일화들을 연대기처럼 모아서 한 평생 자식만을 바라보며 살아온 일생이 굽이굽이 생생하게 그려져 있다. 그러한 생생한 이야기의 리얼리티가 생생한 사진과 함께 전달되고 있다.

✓사례 2. 제일제당 손북어국

다시다 손북어국의 TV광고이다. 술 그리고 북어국과 관련된 우리 부모님들의 에피소드를 재밌는 이야기로 엮어서 주목도 높게 전하고 있다. "모르는 척 할 수도 없고", "고마운 줄이나 아는지 몰라"이런 생생한 생활언어들이 광고의 리얼리티를 더해주는데, 이런 높은 리얼리티는 바로 제품에 대한 신뢰로 이어지는 듯하다. 이 광고는 이런 현실감 있는 생생한 에피소드를 통해서 제품의 속성과 가치를 동시에 효과적으로 전달하고 있다.

▲ 손북어국

✓사례 3. 노노껌

대학지에 실렸던 해태제과의 노노껌 광고이다. 지금은 시장에 없지만 한때 우리나라 껌 시장에서 넘버원 브랜드였을 정도로 높은 인지도와 선호도를 차지했다. 시장의 리딩 브랜드였기 때문에 이렇게 여유 있는 이미지 광고를 집행할 수 있었던 게 아닌가 싶다. "셰익스피어에게 F를 받아도 좋다. 그녀가 A를 준다면"이라는 헤드라인이 강한 호기심을 자극해서 바디카피로 끌어들이고 있다. 바디카피의 내용인즉 이렇다. 강의시간에 한 남학생이 여학생에게 안개꽃 한 다발을 느닷없이 전달을 하더라, 알고 보니 그 남학생은 오래 전부터 그 여학생을 짝사랑하던 그런 사이였더라, 그 여학생은 그런 남학생의 태도에 감동해서 잘되었다고 하더라, 이 이야기는 그 대학의 전설로 전해져온다는 내용이다. 이 이야기 속에는 노노껌과 관련된 어떤 내용도 없지만, 대학생들에게 동질감과 친숙감을 표명함으로써 브랜드 인지도나 선호도를 더욱 높이려는 광고주의 의도를 읽어낼 수 있다.

셰익스피어에게 F를 받아도 좋다.
그녀가 A를 준다면

봄이 가고 있었다.
학점이 짜기로 소문난 K교수님의 힘없는 시간
수업을 시작한지 10분이 지났을까

옆 자리에 있었던 복학생선배가
책상 밑에서 부시럭거리며
하얀 안개꽃 한 다발을 꺼내는 것이 아닌가.

어?
오늘이 스승의 날도 아니고
화이트 데이도 아니고
모두들 의아해했다.

그러나 아무 말 없이 후배 여학생 책상 위에
그 꽃다발을 놓는 것이 아닌가.
그리고는 말문을 잊으신 선생님께

꾸벅 인사를 하고는 강의실을 빠져나갔다.

그때 강의실은 조용함을 지나 숙연해지기까지 했다.
얼굴이 빨개진 그 후배 여학생은
잠시 머뭇거리다 가슴에 안개꽃을 살포시 안고
강의실을 나갔다.
그 뒷모습이 얼마나 아름답던지

백마탄 기사를 뺨치는 선배의 고백
늘 수줍어했는데 어디서 그런 용기가 났을까.
그 선배의 생각은 이랬겠지?

셰익스피어에게 F를 받아도 좋다.
그녀가 A를 준다면

모두가 나약해지는 지금
한 다발의 그 하얀 사랑이야기는
우리 모두의 전설적인 러브스토리가 되었다.

지금까지 광고 표현에서 내러티브의 수사적 방법에 대해 살펴보았다.
내러티브란 '인과관계로 엮어진 사건의 연쇄'를 말하는 것으로, 우리말
로는 흔히 서사, 이야기, 설화 등으로 표현된다. 이야기를 부여하거나
드라마화함으로써 제품이나 브랜드에 의미와 개성을 부여하고, 궁극적
으로 목표타깃에게 그 제품이나 브랜드를 친숙하게 만들어 신뢰와 충성
심을 준다는 것이 내러티브형 광고의 가장 큰 특징이다.

내러티브형 광고는 용기와 희망을 주거나 비전 혹은 정신을 전달하는
기업광고에서도 많이 사용되지만, 제품이나 타깃에 얽힌 숨은 이야기를
통해 제품의 특징을 알리는 등 제품광고에서도 많이 활용되고 있음을
다양한 사례를 통해 확인할 수 있었다.

이미지의 시대, 영상의 시대에 맞게 광고에서 말이나 글이 점점 줄어

들고 있는 게 사실이다. 하지만 그렇다고 해서 내러티브가 사라졌다고 생각하는 건 좁은 생각이다. 내러티브는 말이나 글을 통해서만 만들어지는 것이 아니라 영상이나 이미지를 통해서도 갈수록 정교하고 감동적으로 만들어지고 있다.

광고에서 내러티브 없는 영상과 이미지는 그 생명이 짧다. 따라서 소비자의 가슴에 오래 남는 영상과 이미지를 만들기 위해서는 먼저 내러티브를 고민할 필요가 있다.

도움받은 글과 사이트

Dupont. 2001, 『1001가지 광고 테크닉』(이영희·정고운 옮김), 예경.

United Technology Co. 1989, 『카피, 카피, 카피』(심혜진 옮김), 흔겨레.

강태완. 1999, 「광고에 나타난 시각적 설득의 수사학에 관한 연구」, ≪광고연구≫ 제43호.

강태완·이시훈. 2004, 「공익광고의 언어와 이미지의 수사학과 수용자 반응에 관한 연구」, ≪광고연구≫ 제63호.

권명광·신항식. 2003, 『광고커뮤니케이션과 기호학』, 문학과경계.

김경용. 1994, 『기호학이란 무엇인가』, 민음사.

김욱동. 2002, 『수사학이란 무엇인가』, 민음사.

김현(편). 1985, 『수사학』, 문학과지성사.

로만 야콥슨. 1989, 『일반언어학이론』(권재일 옮김), 민음사.

로버트 스탬 외. 2003, 『어휘로 풀어 읽는 영상기호학』(이수길 외 옮김), 시각과 언어.

롤랑 바르트. 1993, 『이미지와 글쓰기』(김인식 편역), 세계사.

박정순. 1995, 『대중매체의 기호학』, 나남.

백혜숙 외. 2003, 『광고카피의 문학적 기법』, 건국대출판부.

엄창호. 1998, 『광고는 덫이다』, 두리미디어.

엄창호. 2004a, 「신용카드 광고의 기호학적 분석」, ≪기초조형학연구≫ 5/1.

엄창호. 2004b, 「광고비평은 가능한가?」, 김영찬 편, 『광고비평의 이해』, 한울.

엄창호·신항식. 2003, 「광고의 서사성에 관한 구조기호학적 연구」, ≪광고연구≫ 제59호.

올리비에 르불. 1999, 『수사학』(박인철 옮김), 한길사.

움베르토 에코. 1998, 『기호와 현대예술』(김광현 옮김), 열린책들.

이낙운. 1995, 『카피, 이처럼 쓰라』, 나남.

이만재. 1997, 『실전카피론 1』, 나남.

이인구. 2002, 『카피 한 줄의 힘』, 컴온북스.

이현우. 1998, 『광고와 언어』, 커뮤니케이션북스.

장 보드리야르. 1992, 『시뮬라시옹』(하태환 옮김), 민음사.

제랄드 프랭스. 1999, 『서사학이란 무엇인가』(최상규 옮김), 예림기획.

제임스 트위첼. 2001, 『욕망, 광고, 소비의 문화사』(김철호 옮김), 청년사.

조지 펠튼. 2000, 『광고 크리에이티브 전략』(박재관 옮김), 책과길.

존 피스크. 2001, 『커뮤니케이션학이란 무엇인가』(강태완 외 옮김), 커뮤니케이션북스.

주디스 윌리암슨. 1998, 『광고의 기호학』(박정순 옮김), 나남.

최윤식. 1997, 『현장광고론』, 나남.

프랑수아 도스. 1998, 『구조주의의 역사 I』(이봉지 외 옮김), 동문선.

http://kr.yahoo.com

http://www.advertising.co.kr

http://www.cheil..co.kr

http://www.daehong.co.kr

http://www.diamond.co.kr

http://www.empas.com

http://www.lgad.co.kr

http://www.naver.com

http://www.oricom.co.kr

http://www.tvcf.co.kr

■ 지은이

엄창호(toscanii@yahoo.co.kr)

연세대에서 경제학과 국문학을 공부했고 홍익대에서 문학박사(광고학 전공) 학위를 받았다. 코래드, 엘지애드의 카피라이터와 크림커뮤니케이션즈의 기획실장을 거친 후 현재 한국지방재정공제회 옥외광고센터의 교육홍보부장으로 재직하고 있다. 그동안 동국대, 한양사이버대, 한국외국어대 등에서 강의했으며 현재 홍익대 영상대학원에서 강의하고 있다. 『광고는 덫이다』, 『광고의 레토릭』, 『광고비평의 이해』(공저), 『방송광고와 광고비평』(공저) 등의 저서를 냈고, 「광고의 서사성에 관한 구조기호학적 연구」, 「신용카드 광고의 기호학적 분석」, 「영상광고의 신화적 성격에 관한 연구」 등의 논문을 발표했다.

한울 아카데미 706

광고의 레토릭
성공하는 광고 제작을 위한 10가지 수사법

ⓒ 엄창호, 2004

엮은이 | 엄창호
펴낸이 | 김종수
펴낸곳 | 도서출판 한울

초판 1쇄 인쇄 | 2004년 11월 19일
초판 2쇄 발행 | 2009년 10월 15일

주소 | 413-832 파주시 교하읍 문발리 507-2(본사)
121-801 서울시 마포구 공덕동 105-90 서울빌딩 3층(서울 사무소)
전화 | 영업 02-326-0095, 편집 02-336-6183
팩스 | 02-333-7543
홈페이지 | www.hanulbooks.co.kr
등록 | 1980년 3월 13일, 제406-2003-051호

Printed in Korea.
ISBN 978-89-460-4169-1 93300

* 가격은 겉표지에 있습니다.